I Ging

Roderic Sorrell/Amy Max Sorell

I GING

DAS CHINESISCHE MÜNZORAKEL

Übersetzung aus dem Amerikanischen
von Angela Schumitz

FALKEN
TaschenBuch

Im FALKEN Verlag sind zahlreiche Titel zu „Esoterik und Astrologie“ erschienen. Bitte fragen Sie in Ihrer Buchhandlung.

Dieses Buch wurde auf chlorfrei gebleichtem und säurefreiem Papier gedruckt.

Die Deutsche Bibliothek – CIP-Einheitsaufnahme

Sorrell, Roderic:
I Ging : das chinesische Münzorakel / Roderic Sorrell/Amy Max Sorrell. Übers. aus dem Amerik. von Angela Schumitz. – Dt. Erstausg. – Niedernhausen/Ts. : FALKEN TaschenBuch, 1996
Einheitssacht.: The I ching made easy <dt.>
ISBN 3-635-60253-1
NE: Sorrell, Amy Max:

Titel der englischen Originalausgabe:
The I Ching Made Easy: Be Your Own Psychic Adviser Using the World's Oldest Oracle
by Roderic Sorrell and Amy Max Sorrell.

Deutsche Erstausgabe
ISBN 3 635 60253 1

Umschlaggestaltung: Zembsch' Werkstatt, München
Layout: David Barclay, Neu-Anspach
Redaktion: Jutta Schwarz, Bonn/Sabine Weeke
Herstellung: Beate Müller-Behrens
Titelbild: Agentur Walter Holl, Aachen/Klaus Holitzka
Satz: Raasch & Partner GmbH, Neu-Isenburg
Druck: Ebner Ulm

817 2635 4453 6271

INHALT

Alles fließt, nichts bleibt so, wie es ist.
Heraklit, griechischer Philosoph

Durch das Einfache und Leichte verstehen wir die Gesetze der ganzen Welt.
Konfuzius (551–479 v. Chr.), DA DSCHUAN oder
DIE GROSSE ABHANDLUNG ZUM I GING

Im Chinesischen bedeutet das Wort *I* Veränderung oder Wandlung. Die Wandlung ist eines der Grundprinzipien des Universums, eines der wenigen Dinge, auf die man sich verlassen kann. Das Wort *Ging* bedeutet Buch oder Klassiker. *I Ging* läßt sich also übersetzen als das Buch der Wandlungen. Es ist eines der wenigen Bücher, die vom Beginn der chinesischen Geschichte bis heute überdauert haben. Wahrscheinlich ist es eine der ältesten Weissagungsmethoden der Welt. Schon zwischen 1000 und 500 v. Chr., also noch vor der Geburt von Buddha, Christus und Mohammed, benutzten Schamanen, Magier, Priester und Wahrsager das I Ging, das bis heute Anwendung findet.

Das Leben bedeutet eine ständige Wandlung von einem Zustand in den nächsten. Wir wissen alle, daß nichts so bleibt, wie es ist. Wenn man sich verliebt hat, will man, daß dieses Gefühl ewig anhält, aber das tut es nie. Wenn man krank ist, an etwas leidet, freut man sich über eine Veränderung und hofft, daß alles wieder besser wird. Oft fürchtet man Veränderungen, weil sie etwas Unbekanntes bedeuten. Meist wünscht man einfach, genau zu wissen, was zu tun ist.

Im I Ging finden wir vierundsechzig Arten der Veränderung, die sämtliche Übergänge des Lebens umfassen – vom „jugendlichen Leichtsinn“ hin zu „Ehrgeiz“ und zu „Überfluß“. Konfuzius, der Autor von DA DSCHUAN, der GROSSEN ABHANDLUNG ZUM I GING, soll gesagt haben:

Was tun denn die Veränderungen? Sie zeigen uns Dinge auf, sie beenden bestimmte Dinge, sie umfassen alles auf Erden – nicht mehr und nicht weniger. Deshalb benutzten die Weisen und Heiligen sie dazu, alle Willensanstrengungen auf Erden zu durchdringen, alle Bereiche der Taten auf Erden zu bestimmen und alle Zweifel auf Erden zu beseitigen.

Seit Jahrtausenden nutzen weise Menschen das I Ging, um das Wesen der Einflüsse in jeglicher Situation zu verstehen und sich ohne Zweifel und Verzögerung richtig zu verhalten. Zum Glück brauchen Sie kein Weiser oder Seher zu sein, um das I Ging zu befragen. Wir alle haben intuitive Fähigkeiten, selbst wenn wir noch nicht gelernt haben, sie einzusetzen. Die Anwendung des I Ging kann der Schlüssel sein, der die innere Tür zu diesen Fähigkeiten aufschließt und uns in die Lage versetzt, neue und tiefere Einsichten in die unausweichlichen Fragen des Lebens zu erhalten.

Der Begriff Divination leitet sich ab aus dem lateinischen *divus*, dem Göttlichen oder Heiligen. Die Chinesen glaubten, daß sie bei der Befragung des I Ging mit den spirituellen Kräften des Universums in Verbindung traten. Wir im Westen neigen zur Annahme, daß wir alles beweisen können, und unsere übliche Weltsicht von Ursache und Wirkung bietet für die meisten Dinge eine zufriedenstellende Erklärung: Weil es regnet, werden die Bäume naß. Weil man am Morgen vergessen hat, das Auto aufzutanken, muß man jetzt den Abschleppdienst rufen. Und doch passiert vieles, was wir nicht erklären können. Man denkt an eine Freundin, und plötzlich ruft sie an. Man braucht Geld für einen Busfahrschein, und plötzlich findet man auf dem Boden das nötige Kleingeld.

Das I Ging funktioniert auf der Basis dessen, was wir nach C. G. Jung *Synchronizität* nennen, die nicht erklärbaren sinnvollen Zufälle des Lebens. C. G. Jung, ein bekannter europäischer Psychologe und Philosoph des zwanzigsten Jahrhunderts, prägte diesen Begriff, indem er *syn*, „zusammen", und *chronos*, „Zeit", zusammenfaßte: ein zeitliches Zusammentreffen. Jung zufolge begreift die Synchronizität das Zusammentreffen von Ereignissen in Raum und Zeit über den reinen Zufall hinausgehend, nämlich als besondere Interdependenz von objektiven Ereignissen innerhalb ihrer selbst sowie zu den subjektiven (psychischen) Zuständen des Beobachters oder der Beobachter.

Die Befragung des I Ging ist aktive Synchronizität. Sämtliche möglicherweise bestehenden Zustände sind im I Ging in den vierundsechzig Bildern des Lebens repräsentiert. Durch das Werfen der Münzen öffnen wir uns dahingehend, daß wir akzeptieren, was das Universum uns anzubieten hat. Wir stellen eine Frage, die Weisheit des Universums antwortet durch die Münzen. Das I Ging schenkt uns eine Interpretation des von den Münzen gebildeten Musters.

Wir alle bilden eine Einheit in diesem Universum, gehorchen denselben Naturgesetzen, teilen Zeit und Raum. Alle bewußten, lebenden Elemente des Universums, auch die Tiere, Pflanzen, Insekten, Mikroben, stehen in Verbindung sowohl im eigentlichen, physischen, materiellen Universum als auch in den psychischen, spirituellen, emotionalen, nicht greifbaren Universen unserer Herzen und Seelen – eine Gemeinschaft im lebendigen Ozean des Bewußtseins.

Stellen Sie sich ein riesiges Orchester vor, das im Himmel spielt. Lauschen Sie den Sphärenklängen und tanzen Sie dazu. Sehen Sie sich um: Die Tanzfläche ist voller Menschen. Das Orchester und die Tänzer sind ein einziges, fließendes, rhythmisches Wesen. Die Zellen unserer Körper vibrieren zu dieser Musik. Unsere Gesten fallen ganz natürlich in den Rhythmus ein. Ob wir uns dessen bewußt sind oder nicht, wir bewegen uns alle als eine einzige Einheit. Alles ist lebendig und tanzt. Dies bedeutet Synchronizität.

Jung schrieb einmal: „Wenn eine Handvoll Streichhölzer auf den Boden geworfen werden, bilden sie das Muster, das für diesen Augenblick charakteristisch ist.“ Auch das scheinbar zufällige Muster der geworfenen Münzen ist nicht zufällig oder bedeutungslos. Es steht für die Realität dieses Augenblicks in der Zeit.

DAS TAO: YIN UND YANG

Albert Einstein schrieb einmal, man könne diese elementaren Gesetze nicht auf logische Weise begreifen, sondern nur intuitiv, was durch ein Gefühl für die Ordnung hinter der Erscheinung gefördert würde. „Es ist“ ist die grundlegendste Aussage, die über das Universum gemacht werden kann. Die Chinesen bezeichnen diese Totalität als Tao. Aber es reicht nicht aus, festzustellen, daß das Universum „einfach ist“. Wir müssen die Unterschiede in dieser „Seinsweise“ definieren, um die Welt um uns herum zu verstehen. Die Chinesen nennen diese Unterschiede Yin und Yang.

Zuerst einmal müssen wir weiblich von männlich, innen von außen, schwarz von weiß unterscheiden; gleichzeitig können wir sie niemals völlig auseinanderhalten. Es gibt immer eine ständige Bewegung zwischen den beiden, der Tag bewegt sich in die Nacht hinein, die Nacht zurück in den Tag. Letztlich ist nichts absolut. Im Schwarz gibt es immer ein paar weiße Partikel, im Weiß immer ein paar schwarze. Dies ist das Wesen von Yin und Yang.

Yin ist das Aufnehmende: entspannt, offen, flexibel. Yin ist die Zeit vor dem Treffen einer Entscheidung, wenn noch alles im Bereich des Möglichen und der Entdeckungen liegt. Es ist der Zustand des Flüssigen, geräumig, endlos, ein Ozean von primärem Chaos. Emotional betrachtet steht Yin für das Großzügige, Offene, Angenehme. Intellektuell betrachtet steht es für das geistig Offene, das stets an neuen Ideen Interessierte.

Im Extrem neigt Yin zum Passiven und Vagen. Physisch betrachtet ist es weichlich und schwächlich, in der emotionalen Ebene ängstlich und verletzlich, in der intellektuellen unentschlossen und unsicher.

Yang ist das Aktive: erregt, zielstrebig, entschlossen. Yang ist die Zeit nach einer Entscheidung, die Aktualität, der Urknall, der unser Universum ins Leben gerufen hat. Physisch steht Yang für das Starke, Feste, emotional für das Zuversichtliche und Bestimmte, intellektuell für das Tatkräftige und Kreative.

Extremes Yang neigt dazu, dominant und rigide zu sein. Physisch ist es herrschsüchtig und aggressiv, intellektuell mit Vorurteilen beladen und unflexibel. Extreme werden schließlich in ihr Gegenteil umkippen, wie bei der ständigen Bewegung eines Pendels. Wenn wir dieses Universalgesetz verstehen, wird unser Leben leichter und ruhiger dahinfließen.

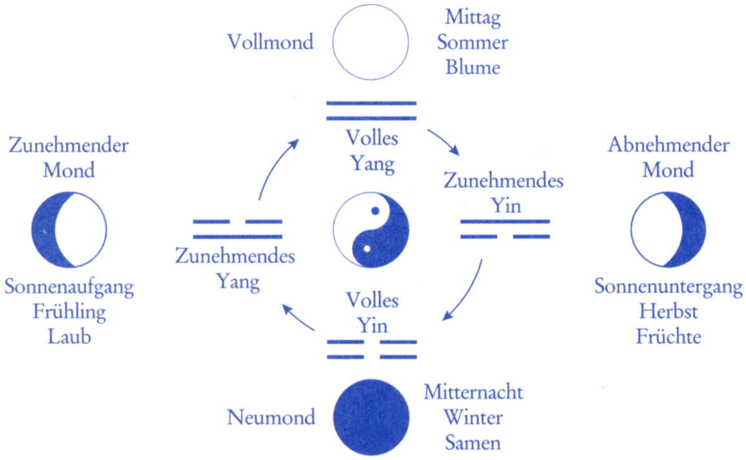

Winter, Sommer, Frühling, Herbst

DAS ZUSAMMENSPIEL VON YIN UND YANG: FRÜHLING, SOMMER, HERBST UND WINTER

Wenn man Dinge mit den Begriffen Yin und Yang beschreiben will, ergibt sich ein Schwarz-Weiß-Gemälde der Welt, dem Details und Schattierungen zum Opfer fallen. Für die Grautöne brauchen wir eine Mischung von Yin und Yang.

So wie ein Jahr sich durch vier Jahreszeiten hindurch bewegt, bewegen sich die abwechselnden rhythmischen Flüsse von Yin und Yang durch vier Phasen. Nachdem Yin im tiefen Winter seine Grenze erreicht hat, tritt Yang am Frühlingsanfang von unten herauf in Erscheinung. Die Energie erhebt sich aus der Erde zum Himmel hinauf, so wie eine Pflanze immer zum Licht hin wächst. Im Sommer steigt die Yang-Energie so hoch, daß sie beide Positionen ausfüllt. Nach den vollen Yang-Tagen des Sommers zieht die Yin-Energie des Herbstes mit dem Anfang von Verfall und Abstieg ein. Alles – vom sexuellen Orgasmus hin zum Aufstieg und Verfall von Zivilisationen und der Art, wie ein Gedanke im Geist auftaucht und dann wieder verschwindet – folgt diesem Rhythmus:

Der Mond durchläuft vier Phasen: Neumond, zunehmender Mond, Vollmond, abnehmender Mond und wieder zurück zum Neumond.

Das Leben der Pflanzen durchläuft vier Phasen – vom Potential im Samen zu dem Wachsen der Blätter, der vollen Blüte, der süßen Frucht und zurück zum Samen, der Essenz der ganzen Pflanze.

Das Leben eines jeden Menschen bewegt sich ebenso – Empfängnis, Geburt und frühe Kindheit, Jugend und körperlicher Höhepunkt, schwindende körperliche Kräfte, Krankheit, Alter und Tod.

Harmonie ist das rhythmische Zusammenspiel von Yin und Yang: die Fähigkeit, mit der Anmut und der Beweglichkeit einer Tänzerin von Yin zu Yang zu pendeln. Auf und nieder, links und rechts, einatmen, ausatmen – Yin und Yang können nicht getrennt werden. Wie die Gezeiten und die Jahreszeiten wandeln und bewegen sie sich permanent.

Mit dem ständigen Wechselspiel der Energien in und um uns herum geht es uns nicht immer gut. Schon sehr früh lernen wir, nicht unseren natürlichen Neigungen zur Spannung und darauffolgenden Entspannung zu folgen. Oft halten wir uns unnatürlich zurück oder gestatten uns extreme Ausschweifungen. Doch schließlich greift die Krankheit nach unserem Geist oder unserem Körper, und manchmal packt sie beide. Unsere Gesundheit hängt davon ab, daß wir der Ebbe und der Flut unserer natürlichen Rhythmen folgen und gesunde Vergnügen genießen. Wenn wir müde sind, schlafen wir. Wenn wir hungrig sind, essen wir. Wenn wir das Pulsieren und die Strömung in den Gezeiten der Ereignisse spüren, schwimmen wir mit der Flut und nicht gegen sie.

So muß sich der Wellenreiter zum Beispiel ständig neu ausbalancieren; Anspannung wechselt ständig mit Entspannung auf der Suche nach dem schwer faßbaren Mittelpunkt, der ihn auf der Welle hin zum Strand tragen wird. Unter dem Wellenreiter ist die Welle, eine riesige, mächtige Kraft, die durch die Kraft des Mondes und der Planeten bewegt wird, die wiederum durch die noch gewaltigeren Kräfte der Galaxien regiert werden. Wenn der Wellenreiter den Punkt des Gleichgewichts und der Harmonie gefunden hat, reitet er auf dem Mittelpunkt von Spannung und Entspannung und wird für einen kurzen Augenblick eins mit den Kräften des Kosmos. Dies ist die wahre spirituelle Erfahrung eines jeglichen Unterfangens. Wenn wir das I Ging benutzen, entdecken wir mehr über unsere Stellung auf der Welle des Lebens. Steigen wir auf oder fallen wir ab? Sind wir in Bewegung oder in einer Ruhestellung? Stehen wir kurz davor, daß uns die Welle entgleitet, oder sind wir eins mit ihr? Wenn wir unsere Sensibilität gegenüber den Kräften in unserem Leben steigern, erreichen wir ein höheres Bewußtsein und entdecken Harmonie und Gleichgewicht.

Ein bestimmtes Thema taucht im I Ging immer wieder auf: „den Fluß überqueren". Wenn wir dieses Thema verstehen, können wir allmählich das Wesen der Veränderung begreifen. Früher war es sehr gefährlich, einen Fluß zu überqueren. Die Flüsse waren wild, nicht gezähmt von Dämmen und künstlich regulierten Flußbetten. Brücken gab es kaum. Auf der anderen Seite des Flusses lebten fremde Stämme; während des Übersetzens befand man sich in einer unvorteilhaften Position und konnte leicht angegriffen werden. Die meisten Menschen verließen ihr Dorf kein einziges Mal in ihrem Leben.

Wenn eine Gruppe von Menschen eine Reise unternahm, begleiteten viele Dorfbewohner die Reisenden zu dem Fluß, der ihr Territorium von fremden und unbekannten Ländern trennte. Dies war der Punkt, an dem es kein Zurück mehr gab, an dem die Unentschlossenen es sich noch einmal überlegen und zurückbleiben konnten, während diejenigen, die tapfer genug für das Abenteuer waren, sich der Gruppe anschlossen. Wenn der Fluß überquert war, konnte man nicht mehr umkehren.

Den Fluß zu überqueren bedeutet also eine Reise ins Unbekannte. Im Leben überqueren wir viele Flüsse: der erste Schultag, das Verlassen des Elternhauses, das Verdienen des eigenen Lebensunterhaltes, die Eheschließung. Jede Nacht überqueren wir ein Gewässer in die Welt unserer Träume, jeden Morgen kehren wir zurück. Jede Krise, Erkenntnis oder Veränderung ist ein Fluß, den es zu überqueren gilt, und alle diese Überquerungen verändern uns.

Das I Ging ist die Form, und diese Form birgt sämtliche Möglichkeiten. Lassen Sie es das Boot sein, das Sie über den Fluß Ihrer Veränderungen trägt! Viel Glück auf Ihrer Reise!

Die Ursprünge des I Ging basieren auf dem Mythos von Nu Gwa und Fu Hsi, dem ersten heiligen Paar. Nu Gwa ist die Große Mutter, Fu Hsi ihr Sohn, Zwilling, Begleiter, ihr gleichgestellter, herausragender Partner. Am Anfang war Nu Gwa verantwortlich für die Künste des Rechnens und Schreibens, für die Erstellung des Kalenders, die Geschichtsschreibung des Stammes und die Entwicklung der sozialen Beziehungen. Fu Hsi war verantwortlich für die Männer: die Jäger, Krieger und Verteidiger des Stammes. Nach und nach dominierten jedoch die Männer sämtliche Aspekte der chinesischen Gesellschaft, und so wurden auch die von den Frauen entwickelten Talente den Männern zugeschrieben. So blieb es nicht aus, daß die Ehre, die Symbole des I Ging entwickelt zu haben, von Nu Gwa auf Fu Hsi, Chinas ersten Kaiser, überging.

In diesem großartigen philosophischen System und seinen divinatorischen Techniken spielen Könige und Kriege eine große Rolle, umhüllt und überlagert von jahrtausendealten Kommentaren. Wir haben es uns zum Ziel gesetzt, das I Ging für den heutigen Leser bedeutungsvoll zu machen, ohne dabei seine uralte Essenz zu beeinträchtigen. Wir beschreiten den schmalen Pfad zwischen der Trivialisierung dieser subtilen Weisheit und dem Verbergen dieser Weisheit durch obskures und bedeutungsloses Geschwätz.

In den fünfziger Jahren wurde das I Ging von Richard Wilhelm und Cary Baynes ins Englische übersetzt. C. G. Jung schrieb das Vorwort zu dieser Übersetzung, in dem er die heutige Sicht des I Ging festlegte. Er belebte viele alte Ideen aus unserer Weltgeschichte und stellte sie neben die neuesten physikalischen Konzepte, die unser Universum als ein einziges, grenzenloses, ungeteiltes und interaktives Ereignis sehen: eine permanente Entfaltung.

Zu der ersten englischen Übersetzung kamen zahllose weitere Übersetzungen und Kommentare. Inzwischen ist die Philosophie des I Ging ein integraler Bestandteil westlicher Kultur. Viele dieser Übersetzungen schaffen es jedoch nicht, die grundlegenden Elemente der Sprache des I Ging deutlich zu erklären: die acht Trigramme, die vierundsechzig Hexagramme und die sechs Linien. Sie können auf der Stelle anfangen, das I Ging zu befragen, ohne Wissen um den Aufbau der Hexagramme. Wenn Sie jedoch die Hexagramme besser verstehen wollen, werden Ihnen die nächsten drei Kapitel einen guten Überblick verschaffen.

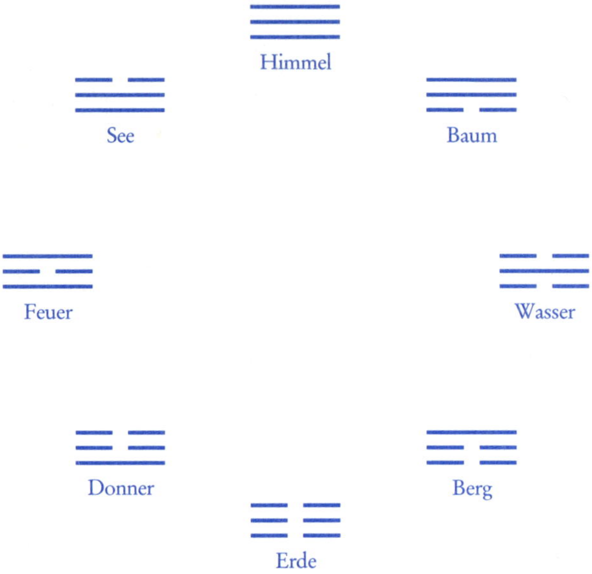

Die acht Trigramme

DIE TRIGRAMME

Als Fu Hsi in alter Zeit die Welt beherrschte, betrachtete er, als er seine Augen emporhob, die Bilder am Himmel; als er sein Haupt senkte, betrachtete er die Muster auf der Erde. Er betrachtete die Färbungen der Vögel und der Tiere und ihre Anpassung an die Gebiete, in denen sie lebten. Er ging direkt von sich aus und indirekt von den Dingen um ihn herum.
So schuf er die acht Symbole, um mit den Mächten und dem Licht der Götter und Göttinnen in Verbindung zu treten und die Lebensbedingungen aller Wesen zu verstehen.

Konfuzius, Da Dschuan oder Die Grosse Abhandlung zum I Ging

Die acht Trigramme sind die Grundlage der vierundsechzig Hexagramme des I Ging. Ein Trigramm besteht aus drei Linien. Jede Linie ist entweder Yin (unterbrochen) oder Yang (ungebrochen).

Yin Yang

Die acht Trigramme (die von null bis sieben gezählt werden) werden aus all den möglichen Kombinationen aus Yin und Yang gebildet. Jedes Trigramm repräsentiert eine der lebendigen Kräfte des Universums. Fu Hsi verstand diese acht Symbole als Mittel, um mit den lebendigen Mächten unserer Welt in Verbindung zu treten und die menschlichen Lebensumstände zu begreifen. Diese Symbole repräsentieren die unterschiedlichen Eigenschaften der äußeren und inneren Welten. Er erkannte damals das, was wir heute neu entdecken – daß alle Teile für das Ganze notwendig sind.

0 Die Erde. Großzügig, unterstützend, immer gebend.
1 Der Donner. Wild, schockierend, aufregend.
2 Der Fluß. Ruhig in einem Augenblick, ein reißender Strom im nächsten.
3 Der See. Fruchtbar. Tiere können trinken, Pflanzen wachsen.
4 Der Berg. Ein festes Fundament.
5 Die Sonne, das Feuer. Leuchtend, erleuchtend, brennend.
6 Die Bäume und der Wind. Sanft, durchdringend.
7 Der Himmel. Unendlich wie das Firmament der himmlischen Mächte.

Alles, was wir kennen, besteht aus diesen Elementen. Unsere Knochen sind die Berge, unser Blut der Fluß. Unsere Leidenschaften brennen mit der Sonne, unsere Vorstellungskraft fliegt auf den Flügeln des Windes.

Dies sind die universellen und spirituellen Eigenschaften, die die Naturkräfte mit der menschlichen Welt vereinigen. Die Außenwelt und die inneren Bereiche des Herzens und des Geistes sind eins.

Die Eigenschaften der acht Trigramme

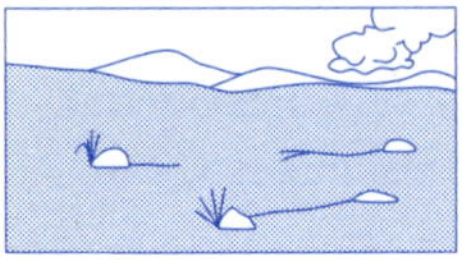

☷

Aufnehmend · Empfangend · Entspannend
Mütterlich, duldsam, ergeben, ruhig, hingebungsvoll, bescheiden, besorgt, fruchtbar, unterworfen, friedliche Arbeit.

Erde, Ebene, Wiese, Boden

Null ist die Zahl der Mutter Erde, wie der Kreis leer und vollständig. Der Grund unseres Seins, das große Warenlager. Die namenlosen Helden, die Opfer, die Massen. Die brachliegenden Felder und das unbearbeitete Land.
Die Farbe: tiefschwarz. Das ursprüngliche weite Land. Das schwarze Loch. Raum. Vor dem Anfang, wo noch alles möglich und noch nichts verwirklicht ist.
Das Tier: die Kuh, die in ihrer Sanftheit dem Menschen alles gibt, was sie hat, ihre Milch, ihr Fleisch, ihre Haut.
Stellen Sie sich vor: Sie ruhen auf einer weiten Wiese, die in eine breite Ebene übergeht. Das Land ist wild, unberührt. Sie fühlen sich friedlich, entspannt, offen.

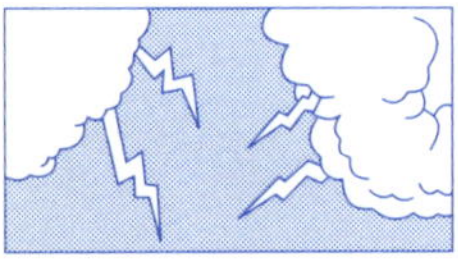

☳

Anregend · Erregend · Aufregend
Energiegeladen, entschlußkräftig, inspiriert, vital, heftig, erregt, reizbar, sprunghaft.

Donner, Luft, Elektrizität, Blitz

Eins ist die Zahl des Donners und Blitzes. Es kommt überraschend, ein heller, plötzlicher Zustand im Hier und Jetzt. Alles ist frisch und neu.
Die Farbe: leuchtend rot. Aktion und Leidenschaft.
Das Tier: der Adler, bereit, sich auf eine ahnungslose Maus zu stürzen.
Stellen Sie sich vor: Ohne Vorwarnung schlägt ein Blitz direkt vor Ihren Füßen ein, gefolgt von einem lauten Donnerschlag. Ihr Körper zittert und bebt vor Erregung. Sie werden zu einer kreativen Tat angeregt.

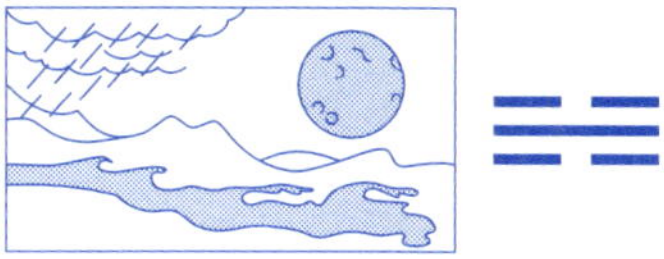

Wasser, Fluß, Regen, Mond

Unabhängig · Getrennt · Selbstgenügsam
Hartnäckig, sorgfältig, rastlos, ausdauernd, einsam, melancholisch, verschlossen, hart arbeitend, entschlossen.

Zwei ist die Zahl des Flusses und des Wasserlochs. Das Herz der Dunkelheit durchdringend. Sexueller Wahn, geheime Affären. Rebellen ohne triftigen Grund. Blut, Schweiß, Tränen. Charakterstärke, um harte Zeiten zu ertragen.
Die Farbe: dunkelblau. Mitternächtliche Eigenschaft; dunkle und abgründige Tiefen.
Das Tier: ein Fuchs oder Coyote. Der Trickster in den Legenden der Indianer.
Stellen Sie sich vor: Es beginnt zu regnen, alles wird frisch und sauber. Der Regen sammelt sich, wird zu einem schnell dahinströmenden Fluß. Lauschen Sie dem Geräusch. Trotz der Schwierigkeiten überqueren Sie den Fluß, ohne davongeschwemmt zu werden. Sie können alle Schwierigkeiten überwinden. Sie fühlen sich zuversichtlich und unabhängig.

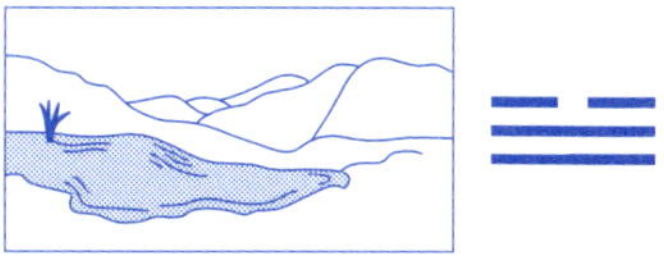

See, Metall, Höhle, Tal

Ausdrucksstark · Geschmeidig · Tolerant
Fröhlich, erfreut, beschwörend, lustvoll, nachgiebig, besessen.

Drei ist die Zahl der Höhle und des Sees. Freude bergend. Geheimnisse heraufbeschwörend. Unerfüllte Sehnsucht. Zauberinnen und Hexen. Lust und Zwietracht. Streitigkeiten.
Die Farbe: goldgelb. Gold und wertvolle Substanzen.
Das Tier: der Affe. Lebhaft, geschwätzig.
Stellen Sie sich vor: Sie befinden sich an einem See, an dem es von Lebewesen wimmelt. Die Menge und Vielfalt von Vögeln, Pflanzen und Tieren zeigt, wie erfinderisch die Natur ist. Ihr Herz ist erfüllt von Freude. Sie fühlen sich enthusiastisch und beredt.

Verwurzelt · Stabil · Fest

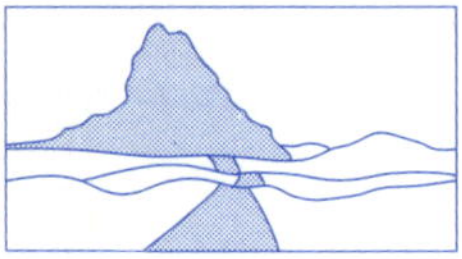

Zurückhaltend, ernst, ruhig, faul, geizig, störrisch, unbeweglich, festhaltend.

Berg, Felsen, Hügel

Vier ist die Zahl der Berge und Gipfel. Fest, stabil, zuverlässig. Der Berg wächst, indem er kleine Steine ansammelt, festhält, bewacht und beschützt.
Rückzug, Aneignung, Erfüllung. Mönche und Priester.
Die Farbe: dunkellila. Erdige Farbtönung eines Bergs im Sonnenuntergang.
Das Tier: der Hund. Treu, vertrauenswürdig.
Stellen Sie sich vor: Sie spüren die Festigkeit des Berges unter sich. Sie steigen mit festen, gleichmäßigen Schritten auf einem gewundenen Pfad den Berg hinauf. Sie sind weit entfernt vom Lärm der Welt. Schließlich erreichen Sie den Gipfel. Sie fühlen sich ruhig, geerdet, friedlich.

Zuverlässigkeit · Zusammenarbeit · Gemeinsamkeit

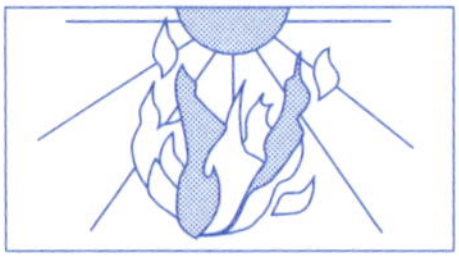

Leuchtend, aufnehmend, wunderbar, enthusiastisch, stark, gewaltsam, fordernd, klammernd, haftend, abhängig.

Feuer, Sonne, Herd

Fünf ist die Zahl des Feuers und der Sonne. Hell am Himmel. Strahlend und wild. Sich der Liebe und dem Krieg hingebend. Der Krieger und der Filmstar, im Licht funkelnd.
Die Farbe: leuchtend orange. Brennend.
Das Tier: der Pfau. Bunt schillernd, das Auge des Himmels auf seinen Schwanzfedern.
Stellen Sie sich vor: Die Sonne steht hoch am Himmel, Sie spüren ihre Wärme. Die Sonne läßt alles in einem leuchtenden, wunderbaren Funkeln erstrahlen. Sie sind mit allem im leuchtenden Licht vereint.

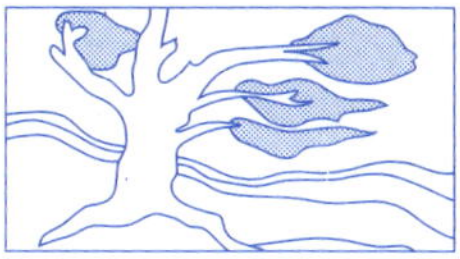

Durchdringend · Einsichtsvoll
Flexibel, fließend, suchend, unentschlossen, verwirrt.

Baum, Wind, Wald

Sechs ist die Zahl des Windes und der Bäume. Die Wurzeln durchdringen den felsigen Boden, die Zweige recken sich dem Wind entgegen. Der Wind bläst in weite Fernen. Eine ruhige, stete Brise, oder stürmisch und ungewiß.
Die Farbe: lebhaft grün. Vegetation in ihrer ganzen Vielfalt.
Das Tier: das Einhorn. Reinheit und Perfektion.
Stellen Sie sich vor: Sie sind in einem Wald. Die Bäume schwanken und neigen sich im Wind. Sie ahnen, wie die Wurzeln sich in die Erde eingegraben haben. Sie reisen mit den Winden des Raumes. Sie verfügen über tiefe Einsichten und Intuition.

Schöpferisch · Herausfordernd · Mächtig
Machtvoll, expansiv, entschlossen, arrogant, stolz.

Himmel, Licht, Firmament

Sieben ist die Zahl der Himmel. Kreativ, aktiv, beweglich, sich Herausforderungen stellend. Ehrbare Herrscher und weise Seher.
Die Farbe: ein strahlendes Weiß. Blendendes mittägliches Licht.
Das Tier: der Drache. Himmelsbewohner.
Stellen Sie sich vor: Die Kraft des Universums durchdringt Sie. Fühlen Sie die ehrfurchtgebietende Kraft der Sterne und Galaxien in den unendlichen Weiten des Himmels.

DIE HEXAGRAMME

1 ䷀ Wegweisend
2 ䷁ Fügsam
3 ䷂ Anfangsschwierigkeiten
4 ䷃ Anfängerglück
5 ䷄ Abwarten
6 ䷅ Forderungen stellen
7 ䷆ Der einsame Krieger
8 ䷇ Zusammenhalt
9 ䷈ Wachsam
10 ䷉ Risikofreudig
11 ䷊ Das Rechte tun
12 ䷋ Hindernisse
13 ䷌ Mit Freunden teilen
14 ䷍ Alles besitzen
15 ䷎ Bescheiden, zurückhaltend
16 ䷏ Zur Tat inspiriert
17 ䷐ Tun, was man will
18 ䷑ Tun, was getan werden muß
19 ䷒ Sogleich handeln
20 ䷓ Dinge gut überlegen
21 ䷔ Sich anstrengen
22 ䷕ Spaß und Feste
23 ䷖ Stolpern, stürzen
24 ䷗ Zum rechten Weg zurückkehren
25 ䷘ Natürlich handeln
26 ䷙ Die Kontrolle übernehmen
27 ䷚ Nahrhaftes finden
28 ䷛ Dem Druck entkommen
29 ䷜ Allein, in Schwierigkeiten
30 ䷝ Hilfe von anderen
31 ䷞ Geben und Nehmen
32 ䷟ Dauerhaftigkeit
33 ䷠ Rückzug
34 ䷡ Ausbruch

35 Der Gewinner

36 Schlechte Zeiten

37 Familienbande

38 Eigene Wege gehen

39 Hindernisse

40 Der Gefahr entkommen

41 Sich über kleine Dinge freuen

42 Wachstum, Steigerung

43 Der Durchbruch

44 Störende Einflüsse

45 Die Sammlung

46 Die nächste Stufe erklimmen

47 Ausgebrannt

48 Reichlich Kraft

49 Hinweg mit dem Alten

50 Das Neue hält Einzug

51 Reihum erschüttert

52 Ruhig und besonnen

53 Steter Fortschritt

54 Dummköpfe stürmen herein

55 Die Ernte einbringen

56 Unterwegs

57 Sich im Wind neigen

58 Seine Interessen vertreten

59 Auf der Welle reiten

60 Grenzen festlegen

61 Von Herzen kommend

62 Am Rande des Existenzminimums

63 Ein perfekter Tag

64 Die Sache ist noch nicht gelaufen

Wenn man die acht Trigramme paarweise aufeinander anordnet, eines über das andere, erhält man vierundsechzig unterschiedliche Bilder mit sechs Linien: die Hexagramme. Diese Hexagramme beschreiben die Zustände und Einstellungen, mit denen wir in unserem Leben zu tun haben.

Die Chinesen gaben jedem Hexagramm einen Namen und eine Beschreibung und verdeutlichten es noch mit Geschichten und Sprichwörtern. Die Realität dieser Symbole wurzelt in unseren Lebenserfahrungen, in den Dingen um uns herum, in unseren Gefühlen. Jetzt haben wir eine größere Vielfalt, nicht nur Schwarz und Weiß und ein paar Grau-Schattierungen, sondern einen Regenbogen unendlich vieler Farben, vom Yin und Yang durch die vier Jahreszeiten zu den acht Trigrammen und jetzt die vierundsechzig Hexagramme.

Im I Ging gibt es vierundsechzig Beschreibungen des Lebens und des Geistes. Fallen uns normalerweise vierundsechzig Lösungen zu einem Problem ein? Wenn wir das I Ging befragen, gibt es uns eine angemessene Antwort, zeigt uns die diesem spezifischen Augenblick innewohnende Bedeutung.

Komplementäre Paare

Die vierundsechzig Hexagramme werden als komplementäre Paare nebeneinandergestellt. Wir können ein Hexagramm besser verstehen, wenn wir es seinem Gegenteil gegenüberstellen. Es folgt eine allgemeine Beschreibung ihrer Bedeutungen.

Die oberen und unteren Trigramme

Das untere oder innere Trigramm (die unteren drei Linien) beschreibt den inneren Aspekt einer Situation, den verborgenen, unbewußten, schwachen oder sich entwickelnden Teil; die Zeit der Vorbereitung, die Kindheit; Lernen und Abenteuer.

Das obere oder äußere Trigramm (die oberen drei Linien) beschreibt den äußeren Aspekt der Situation, den sichtbaren, bewußten, dominanten oder entwickelten Teil; die Zeit des beruflichen Höhepunkts, der Reife oder auch des Ruhestands. Zum Beispiel:

11. Hexagramm – Harmonie

12. Hexagramm – Machtlos

Eine Gruppe oder eine Gemeinschaft kann unterteilt werden in Befehlende und Befehlsempfänger. Letztere werden durch das untere Trigramm repräsentiert, erstere durch das obere. Zur Verdeutlichung betrachten wir einmal das 11. und das 12. Hexagramm:

Das 11. Hexagramm beschreibt eine ausgewogene Situation, in der die gewöhnlichen Leute Macht haben und repräsentiert werden (verdeutlicht durch die Yang-Linien im unteren Trigramm) und die Herrscher die Verantwortung tragen (verdeutlicht durch die Yin-Linien im oberen Trigramm).

Das 12. Hexagramm beschreibt eine stagnierende Situation, in der die Herrscher die gesamte Macht haben, repräsentiert durch die drei Yang-Linien. Die gewöhnlichen Leute haben kaum eine Chance, ihren Einfluß geltend zu machen. Dies ist ein unproduktiver Zustand, wie etwa eine repressive Diktatur oder ein unnahbares Management.

Die Hexagramme lassen sich auch psychologisch interpretieren. Hexagramm 11 beschreibt eine Person, die mit ihren Gefühlen in Verbindung steht und dementsprechend handelt. Das 12. Hexagramm beschreibt jemanden, der seine Gefühle unterdrückt und leugnet.

Die sechs Linien verstehen

Im Zentrum des I Ging stehen die Linien und ihre Bedeutung. Die sechs Linien des Hexagramms werden von eins bis sechs numeriert und von unten nach oben gelesen, wie die Stockwerke eines Gebäudes. Jede Linie hat eine besondere Bedeutung, je nach ihrer Stellung in dem Muster.

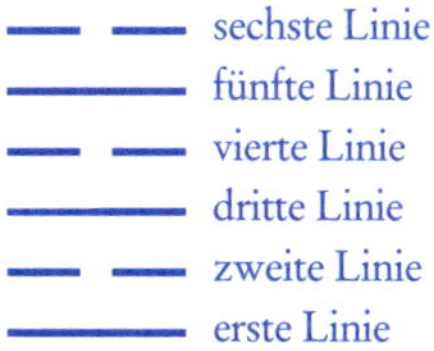

Die Yin-Yang-Symbole, die in diesem Beispiel benutzt werden, repräsentieren das 63. Hexagramm, das wir „Ein perfekter Tag“ nennen.

Wenn Sie das I Ging befragen, wird eine der Linien eine besondere Bedeutung für Sie haben. Diese Linie ist die bewegte, aktive Linie, die Ihnen Ihre Position in den gegebenen Umständen zeigt. Die Interpretation Ihrer Antwort hängt vom Wesen Ihrer Frage ab. Es liegt an Ihnen, die notwendige Verbindung zwischen dem Hexagramm und Ihrer Frage an das Orakel herzustellen. Die folgenden Vorschläge sollen Ihnen als mögliche Schlüssel dienen, um die Bedeutung des I Ging zu verstehen.

Man kann die Linien zum Beispiel als Lebensabschnitte begreifen:

Sechste Linie: Alter, Tod
Fünfte Linie: Reife, Erfolg
Vierte Linie: Mittlere Jahre, Karriere
Dritte Linie: Jugend, Abenteuer
Zweite Linie: Kindheit, Lernen
Erste Linie: Geburt und frühe Kindheit

Sie können die Linien auch als den natürlichen Lauf der Dinge vom Entstehen eines Projekts hin zu seiner Vollendung sehen:

Sechste Linie: Einen neuen Schritt unternehmen. Wenn Sie so hoch wie möglich gestiegen sind, ist es an der Zeit, die Macht an andere zu übergeben und sich einem neuen Projekt zuzuwenden.

Fünfte Linie: Am Gipfel ankommen. Sie haben Ihr Ziel erreicht. Jetzt haben Sie die Macht inne, Sie sind der Chef. Ein Gefühl des Erfolgs. Vermeiden Sie Selbstgefälligkeit, schmieden Sie Pläne für die Zukunft.

Vierte Linie: Gewohnheiten festigen. Alles läuft seinen Gang. Sie haben den Übergang geschafft. Der Job gehört Ihnen, das Flugzeug ist in der Luft, das Buch liegt im Laden aus, jetzt ist es eine Frage des allmählichen, steten Fortschritts.

Dritte Linie: Originell und aktiv sein. Hier haben wir den Hochschulabsolventen, der den Schritt aus der Theorie in die Praxis unternimmt. Der Amateur, der zum Profi wird. Sie lassen Ihr Produkt/Ihre Idee/Ihr Selbst vom Stapel und arbeiten auf Ihren großen Durchbruch hin.

Zweite Linie: Vom Anfänger zum Gesellen. Sie haben Erfahrung in Ihrem Bereich und fahren fort, Ihre Fähigkeiten zu verbessern.

Erste Linie: Am Anfang steht der Anfänger. Erste Eindrücke, Absichten oder Entschlüsse. Sie haben einen klugen Einfall. Finden Sie heraus, ob es auch wirklich das ist, was Sie wollen, denn es geht eine Verpflichtung damit einher.

Die Linien können auch die Suche nach dem heiligen Gral bedeuten – der Becher, den Christus beim letzten Abendmahl benutzte, das heilige Objekt langwieriger

Suche der Ritter im Mittelalter. Wir sind alle auf der Suche nach etwas – sei es nun Glück, Erfolg, Ruhm, Weisheit oder Erleuchtung. Wie sonst könnten wir überhaupt weitermachen?

Sechste Linie: Heimkehr. Sie kehren zurück, um Ihre Geschichte zu erzählen und sich dann neuen Abenteuern zuzuwenden.

Fünfte Linie: Den Gral finden. Sie erreichen Ihr Ziel.

Vierte Linie: Sie nähern sich Ihrem Ziel. Sie sind unterwegs.

Dritte Linie: Überquerung des Flusses. Sie haben sich der Reise verschrieben und können jetzt nicht mehr umkehren.

Zweite Linie: Vorbereitungen für das Unterfangen. Sie finden heraus, was Sie brauchen, und packen Ihr Gepäck.

Erste Linie: Der Ruf. Die Inspiration, sich auf eine Reise zu begeben.

Sie können die sechs Linien auch als drei Paare verstehen:

- Die unteren zwei Linien werden als Erdlinien bezeichnet. Sie betreffen die physikalischen Kräfte, den Körper und seine Empfindungen sowie die Einflüsse aus unbewußten Bereichen.
- Die beiden mittleren Linien werden als Linien der Menschheit bezeichnet. Sie betreffen gesellschaftliche Werte, das Herz und die Gefühle, die Einflüsse aus dem weltlichen Bereich.
- Die oberen zwei Linien werden als Linien des Himmels bezeichnet. Sie betreffen die kosmischen Kräfte, den Geist und die Gedanken, die Einflüsse aus höheren Bereichen.

Im oberen Beispiel, dem 20. Hexagramm – „Betrachtung, Perspektive, Beobachtung“ – weisen die beiden oberen Yang-Linien darauf hin, daß Gedanken und Ideen vorherrschend sind.

Wenn ich eine Münze werfe, steht diese Münze mit allem anderen im Universum in Verbindung.
C. G. Jung

Oft können wir ein Problem scheinbar deswegen nicht lösen, weil wir in den Zwängen unseres eigenen gewohnheitsmäßigen Denkens und unserer üblichen Herangehensweise an Probleme feststecken. Manchmal brauchen wir nur eine einzige neue Idee, um unseren Verstand zu neuen Einsichten zu bringen. Das I Ging wird uns diese neue Idee liefern. Sind Sie bereit? Dann los!

Der Gebrauch des I Ging

Das I Ging ist ein meditatives Instrument, mit dessen Hilfe wir lernen können, unserem eigenen Urteil und unserer Intuition zu vertrauen und sie zu entwickeln. Nähern Sie sich dem I Ging mit offenem und aufrichtigem Geist.

Die Frage stellen

Bevor Sie das Orakel konsultieren, sollten Sie sich versichern, daß Sie sowohl in Ihrem Denken als auch in Ihrer äußeren Umgebung Ruhe haben. Lassen Sie die Zwänge und Sorgen des Lebens einmal beiseite. Seien Sie voll bei der Sache, wenn Sie die Frage stellen, wenn Sie die Münzen werfen und dann die Antwort lesen. Es kann helfen, ein persönliches Ritual zu entwickeln, das diesem Geisteszustand förderlich ist.

Ihre Frage sollte ganz klar sein. Es kann eine Hilfe sein, sich die Frage aufzuschreiben. Wenn Sie die Frage deutlich – schriftlich oder auch nur in Gedanken – formuliert haben, werfen Sie die Münzen.

Manchmal stellt man zwanghaft eine Frage nach der anderen zum selben Problem, bis keine Antwort mehr einen Sinn ergibt. Vielleicht versuchen Sie, eine bestimmte Antwort zu erzwingen, vielleicht sind Sie auch nur angespannt, in Eile oder müde, oder Sie sind verwirrt und unsicher, was die fragliche Situation angeht. In so einem Fall sollten Sie entweder die Situation, über die Sie sich Sorgen machen, deutlicher herausstellen, oder Sie sollten die Frage zu einem späteren Zeitpunkt noch einmal stellen.

Das Werfen der Münzen

- Halten Sie sechs Münzen bereit – fünf gleiche und eine andere, die jedoch größenmäßig nicht allzu sehr von den anderen abweichen sollte (zum Beispiel fünf Fünf-Pfennig-Stücke und ein Zwei-Pfennig-Stück). Die unterschiedliche Münze wird in Ihrer Interpretation eine besondere Bedeutung haben.
- Denken Sie über Ihre Frage an das I Ging nach; formulieren Sie sie deutlich in Gedanken. Wenn Sie wollen, schreiben Sie die Frage auf.
- Mit angemessener Aufrichtigkeit und Offenheit nehmen Sie die Münzen in beide Hände, entspannen sich und atmen ein paarmal tief durch. Dann schütteln Sie die Münzen und lassen sie auf eine harte, ebene Oberfläche fallen.
- Ordnen Sie die Münzen in einer senkrechten Reihe, wie unten im Beispiel gezeigt, wobei Sie das Muster, in dem sie fielen, so gut wie möglich beibehalten sollten. Nun ergibt sich eine zufällige Anordnung von Kopf oder Zahl, die das Hexagramm bildet, das die Antwort auf Ihre Frage ist. Die Zahl gilt als Yin oder unterbrochene Linie, Kopf als Yang oder ungebrochene Linie (siehe nachfolgendes Diagramm).
- Um Ihr Hexagramm herauszufinden, benutzen Sie das Schema auf Seite 224. Auf der linken Seite des Schemas suchen Sie nach den drei Linien, die mit Ihren unteren drei Münzen übereinstimmen, am oberen Rand des Schemas finden Sie die drei Linien, die mit Ihren oberen drei Münzen übereinstimmen. Im Schnittpunkt dieser beiden Linien finden Sie die Zahl Ihres Hexagramms.
- Lesen Sie jetzt den entsprechenden Kommentar im Buch, um etwas über Ihre allgemeine Situation zu erfahren.
- Nun betrachten Sie noch einmal die sechs Linien. Die Position der unterschiedlichen Münze in Ihrem Orakel weist auf die Linie hin, die sich ganz spezifisch auf Ihre Frage bezieht. In diesem Buch wird diese Linie als bewegte Linie bezeichnet (Anm. d. Üb.).
- Schreiben Sie die Antwort des I Ging neben Ihre Frage.

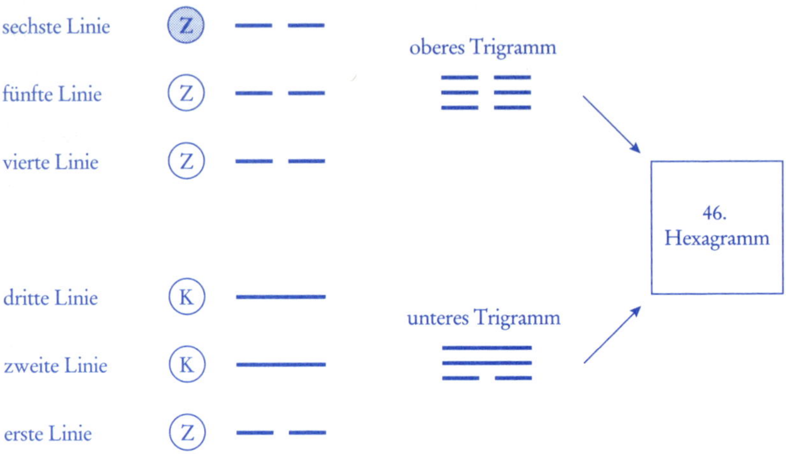

Wenn Sie mit der Deutung der Hexagramme im Buch beginnen, sollten Sie folgendes beachten: Unter dem Titel eines jeden Hexagramms stehen zwei Kernsätze. Der erste Satz oder Begriff neben der Zeichnung, so zum Beispiel im ersten Hexagramm „wegweisend", entstammt unserer eigenen Formulierung, der nächste Satz, „stark und unermüdlich", stammt aus der ursprünglichen chinesischen Fassung. Auch der fettgedruckte Satz am Anfang jeder Linie des Hexagramms, so etwa „Der Drache schwimmt unter Wasser" für die erste Linie im ersten Hexagramm, stammt aus der chinesischen Fassung. Danach folgt unsere Interpretation der Linie.

Beispiel einer I Ging-Befragung Vor vielen Jahren fragten wir das Orakel, wie wir uns ihm nähern sollten, da wir unsicher in unserer Vorbereitung waren.

Frage: Wie ist unsere Beziehung zum I Ging? Wir bitten um einen Rat für unser korrektes Verhalten.

Antwort: Wir erhielten das 20. Hexagramm, „Beobachtung", die vierte Linie war bewegt.

Kopf	———	sechste Linie
Kopf	———	fünfte Linie
Zahl	—— ——	vierte Linie
Zahl	—— ——	dritte Linie
Zahl	—— ——	zweite Linie
Zahl	—— ——	erste Linie

- *Das 20. Hexagramm rät, sich geistig auf ein Ritual vorzubereiten. Es heißt darin, daß man beobachtend und offen sein soll.*
- *Bei der vierten Linie wird die Geschichte einer Einladung zum König erzählt. Man sieht den Reichtum und die Schönheit des Königreichs und freut sich, daß man daran Anteil haben darf.*

Für uns lautete die Botschaft des 20. Hexagramms, daß wir uns dem I Ging und seinen Reichtümern mit Offenheit, Flexibilität, Respekt und Aufmerksamkeit nähern sollten.

Wenn Sie sich auf diese Art mit dem I Ging beschäftigen, wird es Ihnen persönliche Antworten geben. Sie werden viele Aha-Erlebnisse haben. Und vergessen Sie nicht, daß viele Fragen, vor allem, wenn sie auch andere Menschen betreffen, zwei Seiten haben. Denken Sie daran, daß der Ratschlag des I Ging je nach Art Ihrer Formulierung entweder Sie selbst oder auch die andere Person betreffen kann. Ein letzter Rat: Lassen Sie das I Ging Ihre intuitive Klugheit im spielerischen Sinn stimulieren! Das wär's dann auch schon – viel Glück und Erfolg!

Himmel

Himmel

Ursache · Kraft · Das Schöpferische

Wegweisend

Stark und unermüdlich

Himmel über dem Himmel. Das Hexagramm besteht ausschließlich aus Yang-Linien, die die überall vorhandene schöpferische Kraft zeigen.

Die Linien berichten, wie der Drache aus den Tiefen in die himmlischen Sphären aufsteigt.

Vorbehaltlose Absicht. Kein Yin als abschwächender Faktor. Sie befinden sich in einer Machtposition. Mit voller Kraft voran!

Sechste Linie

Der Drache fliegt zu hoch. Sie sollten Ihre Grenzen nicht überschreiten. Größenwahn. Lassen Sie Ihre hochtrabenden Pläne fallen, kehren Sie zum einfachen Leben zurück. Ruhen Sie sich eine Weile aus!

Fünfte Linie

Der Drache fliegt in den Himmel. Sie sind ein hervorragender Anführer. Gewinnend und triumphierend. Suchen Sie sich gute Berater zu Ihrer Unterstützung. Eine Gelegenheit, erfolgreich ein großes Vorhaben durchzuführen.

Vierte Linie

Der Drache springt in den Abgrund. Sie haben die richtigen Voraussetzungen, um vorwärts zu schreiten. Vielleicht zögern Sie noch, da unbekannte Bereiche vor Ihnen liegen. Deshalb pendeln Sie zwischen einer höheren und der darunterliegenden Ebene hin und her.

Dritte Linie

Tagsüber aktiv, nachts von Sorgen geplagt. Sie befinden sich in einem Übergang. Eine schwierige, sorgenvolle Zeit. Wenn Sie Ihre Angelegenheiten erfolgreich regeln wollen, müssen Sie unermüdlich daran arbeiten.

Zweite Linie

Der Drache erscheint auf dem Feld. Treten Sie vor. Stellen Sie sich Ihren Mitmenschen. Suchen Sie weisen Rat bei kundigen Menschen. Zeit des Lernens und Wissensammelns.

Erste Linie

Der Drache schwimmt unter Wasser. Kein günstiger Zeitpunkt, um aktiv zu werden. Warten Sie ab. Ziehen Sie sich eine Weile zurück, um sich auf ein aufregendes Abenteuer vorzubereiten.

Die Normen außer acht lassen Zehn Jahre lang waren wir jeden Tag zusammen. Wie das alte tantrische Paar in der Legende, das sein Leben als Einheit in ein großes Tuch gehüllt verbrachte, waren wir eine liebevolle, enge Zweiergemeinschaft. Wir trafen zwar viele außergewöhnliche Menschen, aber niemals jemanden, der Teil unserer äußerst exklusiven, engen Beziehung hätte werden, geschweige denn uns hätte trennen können.

Zu unserer großen Überraschung tauchte jedoch plötzlich solch ein besonderer Mensch auf. Es sollte eine intime Begegnung werden, die unser Leben veränderte. Aber wer will eine Veränderung, wenn alles gut ist, wie es ist?

Und die Normen, nach denen unsere Gesellschaft lebt? Die Normen, nach denen wir in Zweiergemeinschaften leben, nicht in Dreiergemeinschaften? Es ist nicht leicht, seine Liebe in die Öffentlichkeit zu tragen, und im Verborgenen zu lieben, lag uns nicht. Es gab bereits starke Gefühle zwischen uns dreien. Was sollten wir nun tun? Würde diese Beziehung sich als Segen oder als Fluch erweisen?

Frage: Wie sollen wir mit dieser momentanen Liebesbegegnung umgehen?
Antwort: Wir erhielten das erste Hexagramm, die zweite Linie war bewegt.

- *Das erste Hexagramm bedeutet, daß die Situation starke Kräfte und Einflüsse birgt.*

Das war eine immense Untertreibung für unsere Situation. Es war ein Leben wie auf einer Achterbahn.

- *Die zweite Linie legt nahe, in die Öffentlichkeit zu treten, zu seinem Anliegen zu stehen, eine schöpferische, starke Möglichkeit. Sich nicht dagegenstellen, es genießen, leben, lernen, lieben!*

Ob wir diesen Ratschlag befolgt haben? Und ob! Es folgen noch viele weitere Abenteuer des unschlagbaren Dreiergespanns (siehe Hexagramme 16 und 23).

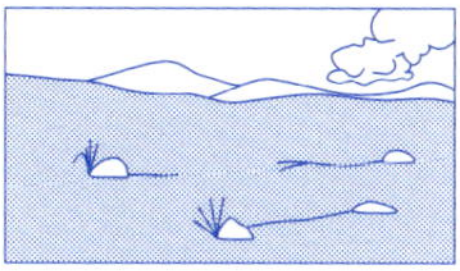

Erde

Erde

Entspannt · Nachgiebig · Empfangend

Fügsam

Beharrlich wie eine Stute

Erde über der Erde. Die Erde ist empfangend, großzügig, selbstlos. Hier sind diese Eigenschaften verdoppelt und verstärkt.

Lauter Yin-Linien: nachgiebige Stimmung. Dies ist der bewegungslose Mittelpunkt deines Seins, der nichts tut und alles ist.

Die Radnabe. Das Auge des Zyklons. Der bewegungslose Antreiber von allem.

Ruhig und fügsam trägt die Yin-Stute den Yang-Reiter.

Sich mit der Strömung treiben lassen und zur Bewegung beitragen.

___ *Sechste Linie*

Die Drachen kämpfen in der Wildnis. Nun muß das Ungleichgewicht ausbalanciert werden. Das Pendel ist so weit wie möglich in eine Richtung ausgeschlagen, jetzt kommt es zurück. Das Ende und der Anfang.

___ *Fünfte Linie*

Besticktes gelbes Gewand. Vielleicht bekommen Sie einen Auftrag, bei dem Sie nicht das Oberkommando haben. Dies ist ein glücklicher Umstand, wenn Sie akzeptieren, daß Sie an zweiter Stelle stehen, und loyal bleiben. Sie begeben sich in Gefahr, wenn Sie alles an sich zu reißen versuchen.

___ *Vierte Linie*

Ein zugebundener Sack. Verhalten Sie sich ruhig. Hüten Sie sich vor neuen Verantwortungen. Ihre Worte und Taten werden genauestens untersucht werden. Nehmen Sie die Vorteile wahr, die sich Ihnen bieten. Sie stecken im Sack.

___ *Dritte Linie*

Verborgenes Genie. Arbeiten Sie im Hintergrund und führen Sie Ihre Vorhaben zuverlässig aus. Jetzt ist weder der rechte Zeitpunkt noch der rechte Ort, um Lob einzuheimsen. Sie könnten ein vertrauenswürdiger Berater sein.

___ *Zweite Linie*

Pflichtbewußt und korrekt. Sie sind zur rechten Zeit am rechten Ort. Ihre Aktionen sollten direkt und ohne Umschweife erfolgen. Sie handeln richtig, solange Sie einfach nur auf die Umstände reagieren.

___ *Erste Linie*

Jetzt Reif, später Eis. Das, was Sie jetzt erblicken, ist ein Hinweis auf zukünftiges Geschehen. Sie können Gutes für die Zukunft planen, eine ungünstige Situation schon im Keim ersticken.

GESCHICHTEN, DIE DAS LEBEN SCHREIBT

Sich fügen 1983 wurde einem unserer Bekannten aus Kalifornien, einem Unternehmer, angeboten, eine Firma aus ihren Schwierigkeiten zu befreien. Obwohl er selbst eine Firma hatte, war er bereit, sich anstellen zu lassen, weil das Angebot wirklich ausgezeichnet war.

Frage: Was ist zu diesem Angebot zu sagen?
Antwort: Wir erhielten das zweite Hexagramm, die fünfte Linie war bewegt.

- *Das zweite Hexagramm bedeutet dienen, sich fügen, für einen anderen Menschen arbeiten.*
- *Die fünfte Linie steht für Erfolg im Dienst eines anderen.*

Unser Bekannter hatte großen Erfolg und wurde für die Rettung der kriselnden Firma ausgezeichnet entlohnt.

Da wir den Mann und seine Vergangenheit kannten – er war immer sein eigener Chef gewesen –, schlossen wir bei dieser Deutung die Möglichkeit mit ein, daß das Unterfangen zwar erfolgreich sein könnte, er persönlich jedoch nicht befriedigt wäre, da es eigentlich nicht in seinem Wesen lag, an zweiter Stelle zu stehen. Schließlich gründete er wieder eine eigene Firma, und uns wurde erneut klar, daß stets die Umstände und der individuelle Charakter in Betracht gezogen werden müssen.

Wasser

Donner

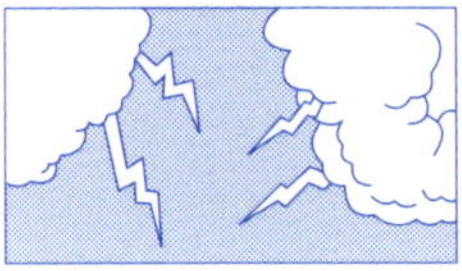

Planen · Organisieren · Probleme lösen

Vorausplanen
Anfangsschwierigkeiten

Wasser über dem Donner. Donner bedeutet Tatkraft, Wasser bedeutet Gefahr. Man begibt sich in Gefahr.

Treffen Sie sorgfältige Vorbereitungen, bevor Sie sich auf den Weg machen! Wenn Sie auf unerwartete, unkalkulierbare Verzögerungen stoßen, müssen Sie mit ihnen fertig werden. Damit sichern Sie sich letztlich den Erfolg.

Bereiten Sie sich gründlich auf Ihren nächsten Schritt vor. Wenn Sie ihn bereits unternommen haben, sollten Sie sich gründlich absichern, bevor Sie weitergehen.

___ *Sechste Linie*

Pferd und Wagen trennen sich, blutige Tränen fließen. Sie stecken in einer Situation fest, auf die Sie sich nicht rechtzeitig vorbereitet haben. Wenn Sie bereit sind, diese Situation durchzustehen, meistern Sie Ihre Probleme.

___ *Fünfte Linie*

Schwierigkeit bei der Verteilung des fetten Fleisches. Schwierigkeiten und Verzögerungen beim Erhalten von Vorteilen und Belohnungen. Nur kleinere Dinge können erfolgreich abgewickelt werden. Ein großes Problem sollte sehr vorsichtig angegangen werden.

___ *Vierte Linie*

Pferd und Wagen warten auf weitere Bewegung. Sie sind bereit voranzuschreiten. Nun müssen Sie Menschen finden, denen Sie sich anschließen wollen, und auf eine Einladung warten.

___ *Dritte Linie*

Ohne Führer auf der Jagd, im Wald verirrt. Vielleicht fühlen Sie sich schwach und einsam, wollen jedoch unbedingt weiter. Ohne Führung verirren Sie sich im Wald des Lebens.

___ *Zweite Linie*

Nach zehn Jahren willigt sie in die Hochzeit ein. Lassen Sie sich nicht in eine Partnerschaft drängen, bevor Sie nicht dazu bereit sind. Es liegt an Ihnen, sich zu weigern und abzuwarten. Damit kann der schwächere Partner den stärkeren kontrollieren.

___ *Erste Linie*

Verzögerungen; man sollte dort bleiben, wo man ist. Ein starker Mensch befindet sich in einer unsicheren Position. Wenn Sie wissen, was Sie wollen, wird sich das Nötige schon finden. Bitten Sie andere um Hilfe.

Ein Führer im Wald Unsere Freundin Diane war etwa fünzehn, als ihre Eltern sich scheiden lassen wollten. Diane mußte sich für einen neuen Wohnort und eine Bezugsperson entscheiden. Sie wollte wissen, mit wem sie zukünftig zusammenleben sollte, mit ihrer Mutter, ihrem Vater oder ihrer Tante.

Wer von diesen dreien der richtige für sie wäre, wußte Diane einfach nicht. Sie liebte alle drei, war aber gezwungen, sich für einen zu entscheiden.

Frage: Mit wem soll ich zusammenleben?
Antwort: Diane erhielt das dritte Hexagramm, die dritte Linie war bewegt.

- *Das dritte Hexagramm bedeutet: Pläne schmieden, sich auf die Zukunft vorbereiten.*
- *Die dritte Linie bedeutet den Bedarf nach Führung durch den Wald des Lebens. Ein Führer ist ein Guru, ein Lehrer, ein Freund, dem man vertraut – jemand, den man bereits kennt und der den Weg schon eine Weile erfolgreich beschritten hat.*

Die dritte Linie weist auf einen Aufbruch in die Welt hin; sie spiegelt hier auch das Alter der Person, die die Frage stellt – fünfzehn.Die Situation kann als eine einzigartige Gelegenheit gesehen werden, die Zukunft zu planen. Die Antwort des I Ging ließ Diane eine wichtige Wahrheit erkennen, auf deren Hintergrund sie sorgfältig abwägen konnte. Sie beschloß, bei ihrer Tante zu leben, einer alleinstehenden Frau, deren Mut und Lebensfreude sie immer bewundert hatte.

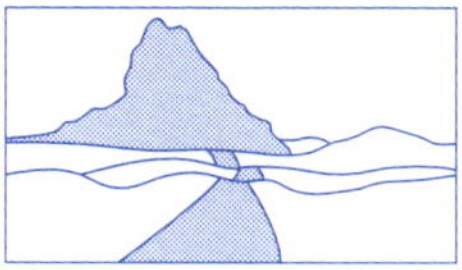

Berg

Wasser

Lernen · Anfänger · Unerfahren

Anfängerglück

Der Schüler muß sich einen Lehrer suchen.

Wasser unter dem Berg. Das Wasser steht für die rastlose Jugend, die Berge für die Höhen der Weisheit, die es zu erringen gilt.

Es wird berichtet, wie ein Schüler einen weisen Mann um Rat bittet. Der Weise hat drei Ratschläge; er weiß, daß es sinnlos ist, weitere Ratschläge zu geben, wenn der erste Rat nicht befolgt wird.
Das Bild zeigt auch einen jungen Sprößling, der unter der Erde im Dunklen vergraben liegt, die Welt nicht kennt, jedoch dem Licht entgegendrängt.

Wie Sie Ihren Platz in der Welt finden, hängt auch davon ab, ob Sie die geistige Verfassung eines Anfängers nachvollziehen: Behalten Sie immer eine unschuldige, frische Sichtweise bei. Wieviel müssen Sie wissen, um zu überleben?

Seien Sie gewillt, zu lernen.

Sechste Linie

Kein Räuber sein, Raubüberfälle verhindern. Ein guter Lehrer vermittelt Verständnis und befreit den Geist seines Schülers. Ein schlechter Lehrer sät Gewalt und vermittelt Vorurteile.

Fünfte Linie

Ein glücklicher junger Sproß. Sie haben Anfängerglück. Sie vertrauen Ihren Fähigkeiten. Wenn Sie ernsthaft und demütig, warmherzig und aufrichtig sind, sind Sie in der Lage, einen Rat anzunehmen.

Vierte Linie

In Torheit gefangen. Sie haben keinen Bezug zur Realität. In Ihrer Unkenntnis haben Sie sich zu viel aufgebürdet. Wenn Sie sich weiterhin starrsinnig gegen einen Rat sträuben, wird das Leben Ihnen eine Lehre erteilen.

Dritte Linie

Sich um des Geldes willen zu billig verkaufen. In Ihrer Ignoranz und Begeisterung verlieren Sie vielleicht die Kontrolle und stürzen sich auf das erstbeste Angebot. Widerstehen Sie der Versuchung des schnellen Geldes!

Zweite Linie

Einen Hausstand und eine Familie gründen. In diesem Stadium haben Sie etwas zu bieten, das für den Anfang ausreicht. Seien Sie tolerant denen gegenüber, die zum erstenmal Verantwortung auf sich nehmen.

Erste Linie

Die neue Pflanze bricht aus dem Boden heraus. Verständnis befreit den Geist von Verwirrung. Machen Sie sich immer klar, was Sie nicht verstanden haben, sobald Sie damit konfrontiert werden. Denn Ignoranz bedeutet, etwas willentlich zu ignorieren.

Riskante Geschäfte

Ein sehr interessantes Beispiel zur Weisheit des I Ging: Rod und Amy hatten beide dieselbe Frage, befragten das Orakel und erhielten das gleiche Hexagramm.

Vor kurzem hatten wir ein Computerprogramm fertiggestellt, das die Biorhythmen mit täglichen Ratschlägen aus dem I Ging kombinierte. Wir nannten unsere neue Schöpfung „Bio-Ging".

Ohne Computer hatten wir das Bio-Ging schon zwanzig Jahre lang für Freunde befragt und seinen Wahrheitsgehalt ständig überprüft. Mit der Computertechnik, die uns die Sache immens erleichterte, sahen wir eine Möglichkeit, diesen Dienst einem größeren Publikum anzubieten. Wir wollten also wissen, ob wir in ein neues Geschäft investieren sollten.

Frage: Wie steht das Bio-Ging-Projekt im Moment? Sollen wir Geld in dieses Projekt investieren?
Antwort: Rod erhielt das vierte Hexagramm, die erste Linie war bewegt. Amy erhielt ebenfalls das vierte Hexagramm, die zweite Linie war bewegt.

- *Das vierte Hexagramm berichtet vom Eintreten in die Welt.*
- *Die erste Linie ist der Anfang vom Anfang. Viele Unsicherheiten und unbekannte Faktoren.*

Dies spiegelt Rods Zögern wieder, an diesem Punkt vorwärts zu schreiten und in ein neues geschäftliches Unterfangen zu investieren.

- *Die zweite Linie weist darauf hin, daß man mit dem, was man hat, tatsächlich auch etwas anfangen sollte.*

Amy wollte sich gerne weiter für das Bio-Ging einsetzen; die zweite Linie reflektierte ihre Einstellung.

Die Befragung zeigte uns, daß es noch viel zu tun gab, man jedoch nicht aufgeben sollte. Die Lösung lag darin, dieses Buch fertigzustellen und dann unser Buch und gleichzeitig das Bio-Ging zu fördern.

Wasser

Himmel

Warten · Innehalten · Überlegen

Der richtige Zeitpunkt ist das A und O.
Es ist günstig, einen großen Fluß zu überqueren.

Wasser über dem Himmel. Die Yang-Stärke des Himmels stellt sich dem gefährlichen Aspekt des Wassers.

Der Regen hat den Fluß unpassierbar gemacht. Warten, bis das Wasser gesunken ist, und dann die Gelegenheit zur sicheren Überquerung ergreifen.

Ist es der rechte Zeitpunkt, um voranzuschreiten in Bereiche, die noch niemand vorher betreten hat? Seien Sie geduldig, dann werden Sie erkennen, wann Sie Ihren Schritt unternehmen sollten.

Sechste Linie

Drei nicht geladene Gäste empfangen. Freuen Sie sich über einen unerwarteten Einfluß in Ihrem Leben. Vielleicht wissen Sie es noch nicht, aber Sie brauchen eine Veränderung. Nehmen Sie an, was Ihnen entgegentritt.

Fünfte Linie

Essen und Trinken wird serviert. Nach der erfolgreichen Überquerung des Flusses können Sie sich ausruhen. Vielleicht ist die Gefahr noch nicht ganz vorüber, aber Sie haben alles getan, um ein erfolgreiches Ergebnis sicherzustellen.

Vierte Linie

Blutend, gezwungen seine Höhle zu verlassen. Sie sind angeschlagen und verstecken sich. Der Konflikt hört auf, wenn Sie sich wieder mutig in der Öffentlichkeit zeigen. Es wird Ihnen nichts passieren. Vielleicht müssen Sie dem Warten ein Ende setzen, eine Entscheidung fällen.

Dritte Linie

Im Sumpf feststeckend. Sie waren zu ungeduldig und haben sich vorzeitig auf den Weg gemacht. Jetzt stecken Sie auf halbem Weg im Sumpf fest. Wilde Tiere lauern auf ihre Beute und warten genau auf solch einen Augenblick.

Zweite Linie

Am Flußufer durchnäßt. Am trockenen Flußufer von einer ungewöhnlich großen Welle naßgespritzt. Man kann heftig kritisiert werden, aber die Kritik an sich abrinnen lassen. Bleiben Sie an Ihrem Platz, die Welle wird vorbeischwappen.

Erste Linie

Im Regen unterwegs. Sie haben die Fähigkeit und die Stärke, mit einer Gefahr fertigzuwerden, die jedoch noch weit entfernt ist. Sie brauchen sich ihr jetzt noch nicht zu stellen. Warten Sie ab, bleiben Sie momentan besser zu Hause und dem Regen fern.

Den Lebensstil verändern Eines Tages stellte sich uns die Entscheidung, unsere Lebenssituation zu verändern. Sollten wir weiterhin abgeschieden als Paar zusammenleben oder in eine spirituelle Gemeinschaft eintreten? Wir lebten in einem Strandappartement in Maui – eine Art Dauerurlaub – und genossen die Abgeschiedenheit unseres gemeinsamen Lebens. Unser Hund Moki hatte geduldig vier Monate in Quarantäne ausgeharrt und sollte nun endlich auch wieder zu uns kommen. Und raten Sie mal, was dann passierte? In unserem Appartement waren keine Haustiere erlaubt! So waren wir also ohne Vorwarnung gezwungen umzuziehen.

An eben diesem Tag – reiner Zufall oder Synchronizität? – wurde uns ein Platz in einer Meditationsgemeinschaft bei unserem neuen Freund, einem tibetischen Lehrer, angeboten. Dies würde unser Leben grundlegend verändern, vom munteren Strandleben weg in die völlige Abgeschiedenheit. Was sollten wir nun tun?

Frage: Sollen wir zu dem tibetischen Lama ziehen oder weiterhin alleine leben? Sind wir Meditierende oder ganz gewöhnliche Menschen?
Antwort: Wir erhielten das fünfte Hexagramm, die sechste Linie war bewegt.

- *Das fünfte Hexagramm berichtet von einem Sprung in ein neues Abenteuer.*
- *Die sechste Linie legt nahe, daß äußere Einflüsse eine Veränderung fördern.*

Die Einflüsse waren der Lama und unser starker Wunsch, uns spirituell mit der buddhistischen Lehre auseinanderzusetzen. Die Gäste willkommen zu heißen, bedeutete in unserem Fall, die freundliche Einladung des Lamas anzunehmen.

Wir hatten das Gefühl, von unserem kleinen Platz an der Sonne weggezerrt zu werden, um einen neuen Weg und neue Möglichkeiten kennenzulernen. Wir ergriffen diese Gelegenheit beim Schopf, und unser Leben änderte sich. Manchmal kann man sich seinem Schicksal einfach nicht widersetzen.

Himmel

Wasser

Konflikt · Unstimmigkeit · Konfrontation

Sein Anliegen formulieren.
Seinen Gegner auf halber Strecke treffen.

Himmel über dem Wasser. Das Wasser steht für Anforderungen und Unstimmigkeiten; es konfrontiert den Himmel, der die Autorität repräsentiert.

Der Regen hat den Fluß unpassierbar gemacht.
Warten Sie, bis das Wasser fällt und Sie Gelegenheit zu einer sicheren Überquerung haben.

Es wird berichtet, daß jemand mit einer Beschwerde zum Hof des Fürsten kommt. Ihre Stellung ist nicht machtvoll genug, um die Dinge nach Ihrem Willen zu lenken.

Seien Sie kompromißbereit. Verhandeln Sie!

___ *Sechste Linie*

Ein Ledergürtel wird jemandem verliehen, aber dreimal an diesem Tag auch wieder entrissen. Wenn Sie bei einem Streit Ihr Recht einfordern oder auch Ihre Vorteile unfair einsetzen, mögen Sie zwar gewinnen, aber gewaltsam errungene Siege werden schnell wieder zu Niederlagen.

___ *Fünfte Linie*

Der Streit ist beigelegt, erhabenes Heil. Ihre Probleme sind berechtigt. Jetzt haben Sie eine Gelegenheit, Meinungsverschiedenheiten fair und gerecht zu beseitigen, so daß sich eine wahre Freundschaft entwickeln kann.

___ *Vierte Linie*

Die Beschwerde wird nicht anerkannt. Eine impulsive Tat hat Sie dazu verleitet, eine Beschwerde vorzutragen, die jedoch nicht anerkannt wird. Vergessen Sie Ihre Probleme und fügen Sie sich Ihrem Schicksal.

___ *Dritte Linie*

Von seiner Erbschaft leben. Sie befinden sich in einer unsicheren Situation und fühlen sich bedroht. Behalten Sie Ihre Unabhängigkeit bei und bescheiden Sie sich mit dem, was Sie haben.

___ *Zweite Linie*

Sich an seinen Heimatort zurückziehen. Für diesen Konflikt haben Sie jemanden herausgefordert, dem Sie nicht gewachsen sind. Ziehen Sie sich zurück, solange Sie noch können, und zwar an einen Platz, an dem Sie sich sicher fühlen.

___ *Erste Linie*

Seine Forderungen nicht gewaltsam durchsetzen. Ein Mißverständnis kann vermieden werden, indem man einen Rückzieher macht. Ihre Position ist nicht stark genug, um Forderungen durchzusetzen, aber letztlich wird es gut ausgehen.

Sich fügen 1987 lebten wir auf einer hawaiianischen Insel und beschäftigten uns intensiv mit den Lehren unseres Gurus, eines tibetischen Buddhisten. So einnehmend und erleuchtend die Lehre auch war, mit den politischen und hierarchischen Ansichten der Gruppe hatten wir große Probleme und nahezu keinerlei Macht, Veränderungen durchzuführen. Es war eine extrem frustrierende Situation für uns.

Bei einem einwöchigen Meditationsseminar weilte sogar Ihre Eminenz Tai Situ Pa, Rinpoche, zu Gast bei uns. Dies waren sehr glückliche Tage. In dieser Zeit stellten wir dem I Ging eine Frage zu unserer Zukunft mit dem tibetischen Buddhismus. Wir waren uns nicht mehr sicher, ob Buddhas Lehren weiterhin die sexistischen, chauvinistischen und autoritären Ansichten, die von einigen derzeitigen tibetischen Vertretern zementiert worden waren, überwiegen könnten.

Frage: Wie schaut unsere Zukunft bei dieser Gruppe aus?
Antwort: Wir erhielten das sechste Hexagramm; die sechste Linie war bewegt.

- *Das sechste Hexagramm beschäftigt sich mit vorgetragenen Beschwerden und der Auflösung von Streitigkeiten.*
- *Die sechste Linie berichtet, daß jemand so lange genörgelt hat, bis er endlich bekommen hat, was er wollte. Aber es herrschen definitive Ressentiments vor.*

In dieser Gruppe hatten wir unseren Einfluß und unser Glück auf die Spitze getrieben. Wir hatten die große Ehre und die Freude, mit einem bevorzugten Lehrer eng zusammenzuarbeiten, aber an unserer Beziehung zur Gruppe hatte sich nahezu nichts verändert und würde sich auch in Zukunft nichts verändern. Es kann der Zeitpunkt kommen, an dem der Schüler den Lehrer verlassen muß, vor allem, wenn der Schüler anfängt, Kritik zu äußern.

Als Mitglied eines autoritären Systems, das auf seiner Version der Wahrheit besteht, kann man das System nicht verändern. Kurz nach dieser Orakelbefragung verließen wir unsere Lehrer und Hawaii. Seitdem haben wir mit anderen Lehrern zusammengearbeitet, schlossen uns jedoch nie wieder einer Gruppe an.

Erde

Wasser

Ehre · Loyalität · Integrität

Die Art des Kriegers.
Mit Mut und Disziplin voranschreiten.

Erde über dem Wasser. Die gefährliche Energie des Wassers wird kontrolliert durch das fügsame Wesen der Erde oder Wiese. Das Einsetzen einer starken Macht.

Im alten China trug jeder Soldat auf seinem Rücken die Flagge der Seite, für die er kämpfte. Entweder war sie auf seiner Jacke aufgenäht oder an einen kurzen Stock gebunden, den er in seinem Rucksack trug. Jeder einzelne Soldat trug die Flagge und verteidigte sie mit seiner Ehre und seinem Leben.

Persönliche Verantwortung und Integrität, selbst wenn man sich nicht in einer Machtposition befindet.

Man wird große Dinge schaffen. Mit Selbstdisziplin ist es möglich, seine Makel zu erkennen und zu berichtigen.

___ *Sechste Linie*

Das Erreichte festigen. Das Vorhaben ist verwirklicht. Belohnen Sie diejenigen, die gute Dienste geleistet haben. Stellen Sie nur die Fähigsten ein, damit die Errungenschaften nicht wieder verloren gehen.

___ *Fünfte Linie*

Das Wild fangen. Jetzt bietet sich die Gelegenheit, aktiv zu werden. Geben Sie jedem die passende Aufgabe. Hören Sie auf, wenn Sie ein vernünftiges Ziel erreicht haben.

___ *Vierte Linie*

Das Lager weit weg vom Feind aufschlagen. Jetzt ist nicht der rechte Zeitpunkt, um voranzuschreiten. Ein strategischer Rückzug oder eine Korrektur ist nötig, damit der übergreifende Plan beibehalten werden kann.

___ *Dritte Linie*

Leichen im Wagen. Chaos und Mißerfolge aufgrund unfähiger und streitender Führung und schlecht delegierter Autorität. Finden Sie einen fähigen Führer, der Ordnung herstellen kann. Oder wollen Sie sich zurückziehen?

___ *Zweite Linie*

Dreifache Beförderung. Für seinen Einsatz und seine Dienste wird man belohnt. Drei Wünsche frei. Ein verantwortungsvoller Führer, der den Anforderungen einer wichtigen Aufgabe gewachsen ist.

___ *Erste Linie*

Ein Heer muß in Reih und Glied marschieren. Es ist ratsam, zu Beginn eines Unterfangens einen Plan zu haben. Überprüfen Sie Ihre Möglichkeiten, denken Sie sie gut durch und üben Sie sich in Disziplin. Nehmen Sie Ihr Schicksal in die Hand.

GESCHICHTEN, DIE DAS LEBEN SCHREIBT

Loyalität und Autorität Hier soll von einer Person berichtet werden, die von den Autoritäten in eine Machtposition berufen wurde, ohne von den anderen Mitgliedern der Gruppe gewählt worden zu sein. Es geschah an einer Universität, hätte aber auch in jeder anderen Situation, in der eine Gruppe eine Rolle spielte, passieren können. Susanne hatte das Gefühl, der Verantwortung gewachsen zu sein, wollte aber auch von ihren Kommilitonen in ihrem Amt bestätigt werden. Eigentlich wollte sie vor allen Dingen studieren und sich nicht mit Machtpolitik auseinandersetzen.

Frage: Ist es für mich richtig, die Stellung anzunehmen?
Antwort: Susanne erhielt das siebte Hexagramm, die dritte Linie war bewegt.

- *Das siebte Hexagramm setzt sich mit persönlicher Integrität auseinander. Welche Einstellung hat man zu sich selbst, und wie steht diese mit dem Allgemeinwohl in Beziehung?*
- *Die dritte Linie weist auf einen Konflikt hin und auf die Frage, ob man bereit ist, ihn zu beseitigen, oder lieber nichts damit zu tun haben will.*

Wie in jeder Gruppe gab es viele mögliche Konfliktherde. Der Grundkonflikt bestand hier in der Frage Individuum versus Autorität, der ewige Konflikt zwischen dem Ich und dem Wir. Würde Susanne ihre Integrität verletzen, wenn sie die Stellung annahm? Ständige Nahrung für Unstimmigkeit. Aber konnte sie denn die Gelegenheit verstreichen lassen, ein wenig von dieser großen persönlichen Macht zu erlangen?

Sie beschloß, weiterhin eine einfache Studentin zu bleiben und sich nicht auf die interne Politik der Gruppe einzulassen. Sie lehnte die Berufung ab. Damit erhielt sie sich ihre Integrität und vermied Konflikte.

Wasser

Erde

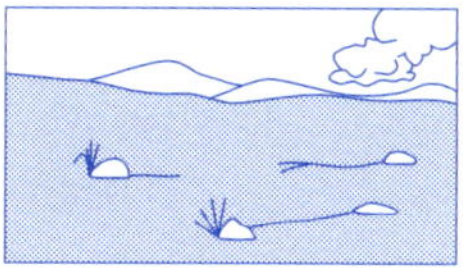

Zusammenarbeit · Übereinstimmung · Freundschaft

Zusammen sind wir stark, getrennt schwach.
Hat man vertrauenswürdige und zuverlässige Freunde?

Wasser über der Erde. Die Erde steht hier für eine Gruppe von Menschen, die sich zusammengetan haben, um sich der vom Wasser repräsentierten Gefahr zu stellen. Einer Gruppe anzugehören oder Freunde zu haben ist der beste Schutz in schwierigen Zeiten.

In der Dschou-Dynastie tat sich immer eine Gruppe von fünf Familien zusammen und lebte in einer Gemeinschaft, in der jeder seine Pflicht hatte und man einander half. Den Zögernden und denjenigen, die zu spät kommen, wird nicht voll vertraut, sie werden nicht vorbehaltlos aufgenommen.

Wenn man Verantwortung mit anderen teilt, findet man Sicherheit. Suchen Sie sich sorgfältig Ihre Freunde aus und fordern Sie vollen Einsatz. Stehen Sie drinnen oder draußen?

___ *Sechste Linie*

Kein Haupt für Zusammenarbeit. Ein unqualifizierter Mensch hat das Oberkommando, anderen fehlt das Vertrauen in ihre Führung. Unter falschen Voraussetzungen läßt sich nur schwer eine Atmosphäre von Vertrauen herstellen.

___ *Fünfte Linie*

Ein paar Hirsche entkommen lassen. Freunde kann man nur haben, wenn sie aus freien Stücken mit einem zusammen sein können. Bestechung und Zwang sind unnötig.

___ *Vierte Linie*

Freunde am Rand. Man erhält von den am Rand der Gruppe Stehenden Unterstützung oder unterstützt sie. Wenden Sie Ihre Aufmerksamkeit Neuankömmlingen oder Fremden zu, die außerhalb Ihres unmittelbaren Kreises stehen.

___ *Dritte Linie*

Den falschen Leuten nahestehend. Achten Sie darauf, skrupellose Menschen nicht zu unterstützen. Vielleicht ist Ihr Urteil durch Schmeichelei getrübt. Sie befinden sich in schlechter Gesellschaft.

___ *Zweite Linie*

Freundschaft von innen. Entweder gehören Sie zur inneren Gruppe oder Sie haben eine gute Beziehung zu jemandem darin. Das gibt Selbstvertrauen, Selbstwert.

___ *Erste Linie*

Eine irdene Schüssel, überfließend von Aufrichtigkeit. Wenn man neue Menschen kennenlernt, fühlt man sich vielleicht einsam und unsicher. Mit einfacher, aus ganzem Herzen kommender Aufrichtigkeit wird man andere anziehen.

Die Wahl eines fähigen Partners

Wir befragten das Orakel, ob wir unser Kapital einem Anlagenberater anvertrauen sollten, der uns immense Gewinne auf dem Aktienmarkt versprach. Zwar hatte er beste Empfehlungen, doch die Vorstellung, ihm die komplette Kontrolle zu überlassen, ohne genau zu verstehen, was er denn eigentlich mit unserem Geld anstellen wollte, machte uns ziemlich nervös.

In diesem Bereich der Geldanlage waren wir völlige Anfänger und brauchten ein wenig Unterstützung. Dieser Mann war einfach kein guter Lehrer, er informierte uns nicht ausreichend. Bei mangelnder Kommunikation schwindet in jeder Beziehung das Vertrauen proportional dazu. In Unwissenheit gelassen geht es uns nicht besonders gut. Dieser Typ konnte ja durchaus ein Zauberer auf der Wall Street sein, aber wie können wir ihm vertrauen, wenn er uns wie Idioten behandelt?

Frage: Sollen wir mit unserem Investitionskapital so umgehen?
Antwort: Wir erhielten das achte Hexagramm, die sechste Linie war bewegt.

- *Das achte Hexagramm beschäftigt sich mit der Allianz von Mächten.*

In diesem Fall ging es um unser Geld und das angebliche Talent des Anlageberaters, dieses gewinnbringend anzulegen.

- *Die sechste Linie wies auf unseren Mangel an Vertrauen in das Management dieser Gruppe hin.*

Wir beschlossen, uns diesem Mann nicht zu fügen. Wir hatten das Gefühl, daß seine Organisation eine Gruppe ohne Kopf war, und sein Kopf beeindruckte uns nicht besonders. Interessanterweise gab es kaum zwei Wochen später eine Bewegung auf dem Aktienmarkt, bei der wir über Nacht zwei Drittel unseres Kapitals verloren hätten, wenn wir seiner Firma vertraut hätten. Glück? Karma? Vielleicht haben uns auch einfach nur unsere Freunde geholfen – das I Ging.

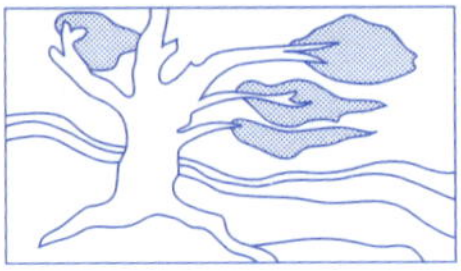

Baum

Himmel

Einmischung · Intuition · Sich absichern

Auf seine Vorahnungen achten.
Es ballen sich Wolken zusammen, Warten auf den Regen.

Der Wind am Himmel. Die Ahnung, das Spüren von weit entfernten Dingen. Deine kreative Macht deutet sich an, zwar subtil, jedoch weite Bereiche umfassend.

Der Seher liest die Zeichen am Himmel und weiß, was passieren wird. Wenn man nur die kleinste Warnung, daß etwas nicht stimmt, übersieht, kann dies sehr nachteilig sein. Es kann zu Zweifeln, Unsicherheiten und Unentschlossenheit führen.

Wie bei einem Puzzle sollte man erst einmal alle Teile sammeln, bevor man anfängt. Sie sind sensibel genug, um zu wissen, was los ist.

Sechste Linie

Der Regen kommt, der Regen geht. Im Augenblick haben Sie den Sturm überstanden. Nutzen Sie diese Zeit, um Ihre Kräfte und Energien neu aufzubauen. Ihre Schwierigkeiten sind noch nicht vorbei.

Fünfte Linie

Den Reichtum mit den Nachbarn teilen. Nutzen Sie andere nicht aus, lassen Sie sich aber auch nicht ausnutzen. Gegenseitiges Vertrauen ist die Basis verbindlicher Verpflichtungen, vor allen Dingen in Geldangelegenheiten.

Vierte Linie

Aufrichtige Rede vermeidet ein Blutvergießen. Sie sind ruhig und aufrichtig genug, um Ängste und drohende Konflikte zu vermeiden. Ein gewaltsames Vorgehen ist momentan nicht angesagt.

Dritte Linie

Die Räder fallen vom Wagen, Mann und Frau streiten. Wann immer etwas schiefläuft, geraten Sie in Streitereien, Schuldzuweisungen. Halten Sie ein, bevor die Konflikte ausufern. Ihr Heil hängt davon ab.

Zweite Linie

Zum rechten Pfad überredet. Man wird korrigiert. Man wird überzeugt oder überzeugt andere, zum rechten Pfad zurückzukehren. Vielleicht arbeiten zwei Menschen zusammen, um ein Hindernis auf ihrem Pfad zu überwinden.

Erste Linie

Zum rechten Pfad zurückkehren. Wenden Sie sich von ungesunder Gesellschaft ab und kehren Sie zu früheren und besseren Tagen und Wegen zurück. In Ihrem Herzen wissen Sie, was richtig ist.

Die Gier ist eine Gottheit Ein buddhistischer Lehrer aus Nepal besucht mit seiner amerikanischen Ehefrau und dem einjährigen Sohn das Haus eines reichen Gönners in Hawaii, um dort einen Vortrag über „Reichtumsermächtigung" zu halten. Reichtum wird gesehen als die Fähigkeit, Glück zu schaffen und festzuhalten. Eine Ermächtigung ist ein Segen und eine Übertragung eines bestimmten Aspekts von Buddha.

Der Lehrer hat überhaupt keine eigenen finanziellen Mittel. Er und seine Familie sind so arm, daß seine Frau sich keine neue Unterwäsche leisten kann. Und dieser Mann soll uns beibringen, wie man reich werden kann? Er soll uns den Buddha des Reichtums vorstellen? Etwas stimmt nicht an diesem Bild. Nun gut, lassen wir unseren Unglauben einmal beiseite. Unser spiritueller Materialismus ist gierig, er braucht ständig Nahrung.

Nach einer langen, ermüdenden Reise quer über die Insel kommen wir eine halbe Stunde zu früh bei dem Haus an, in dem das Treffen stattfinden soll. Das Tor ist verschlossen, dahinter hören wir einen Hund knurren – etwa so groß wie King Kong -, und an dem Tor hängt eine Nachricht, daß wir in drei Stunden wiederkommen sollen. Sie seien noch nicht so weit. Wie bitte? Was soll denn das?

Wir begeben uns in ein nahegelegenes Café, um dort zu frühstücken und das I Ging zu befragen.

Frage: Was ist hier eigentlich los? Haben wir wirklich das Gefühl, daß wir von diesem Menschen einen Segen des Reichtums bekommen können?
Antwort: Wir erhielten das neunte Hexagramm, die fünfte Linie war bewegt.

■ *Das neunte Hexagramm spricht von der Kraft des Geistes. Die Energie, die subtilen Zeichen des Universums zu durchdringen und zu sehen. Aber auch Zurückhaltung und Hindernisse, Zweifel und Unentschlossenheit.*

In diesem Beispiel stand ja tatsächlich am Tor eine Nachricht für uns: „Geht wieder heim, kommt später zurück!" Mit Sicherheit ein Hindernis für unseren Fortschritt. Aber von wessen Geisteskraft wird hier gesprochen? Geht es um den

Erteiler der wertvollen Ermächtigung, der bereits viele Stunden zu spät dran ist? Oder geht es um uns, die wir gerade eine beschwerliche Inselüberquerung hinter uns gebracht haben für das Versprechen von Geld und Macht?

- *Die fünfte Linie berichtet davon, daß Reichtum geteilt werden soll.*

Wir wollten auf der Ermächtigungs-Sitzung fünfzig Silberdollar mit unseren Freunden teilen. Unsere Großzügigkeit war jedoch stark beeinträchtigt worden von der uns entgegengebrachten Unfreundlichkeit, ganz zu schweigen von dem Zerberus hinter dem Tor. Wir hatten den Eindruck, daß wir den Lehrer und die Ermächtigungssitzung als eine Art „Wie ich schnell reich werden kann"-Plan sahen, doch der Lehrer schien uns in ähnlicher Weise benutzen zu wollen.

Trotz unserer Verwirrung (und der Antwort des I Ging) waren wir bereit, das Spiel weiterzuspielen. Wir kehrten zurück, um die alten Weisheiten zu hören. Nach dreistündiger Verzögerung war die Party jedoch noch immer nicht angelaufen. Das dauerte ja länger als das Warten auf den Beginn eines Rockkonzerts und war wesentlich weniger aufregend!

Wieder hieß es, wir sollten draußen warten. Damit war unsere Bereitschaft auszuharren erschöpft. Wir erkannten schließlich, wie unethisch und peinlich die ganze Situation für alle Beteiligten geworden war, und kehrten um. Gerade noch rechtzeitig.

Himmel

See

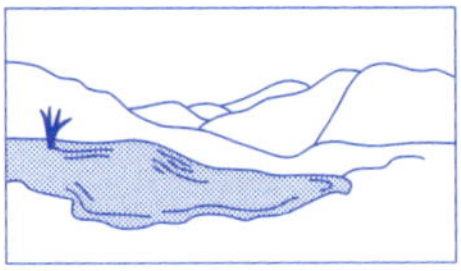

Mut · Wagemut · Risikobereitschaft

Die Himmelstore stürmen.
Auf des Tigers Schwanz treten, aber der Tiger beißt nicht.

Himmel über dem See. Der See stellt sich in seiner bescheidenen Wesenheit den Mächten des Himmels. Der Mut, sich einer Macht zu stellen, die stärker ist als man selbst.

In Südchina gibt es eine kleine Leopardenart, viel schwächer als ein Tiger. Dieser Leopard hat die Eigenheit, plötzlich auf den Rücken eines Tigers zu springen, sich an dessen Schwanz festzuhalten und mit seinen scharfen Krallen das Hinterteil des Tigers zu zerkratzen. Dem Tiger bleibt nur übrig, sich auf dem Boden zu wälzen, und in diesem Moment tritt der kleine Leopard rasch die Flucht an.

Das heißt, daß man, auch wenn man klein ist, durchaus erfolgreich ein Risiko eingehen kann, wenn man vorsichtig genug handelt.

Sechste Linie

Vorsicht. Wenn man sich unsicher ist, sollte man auf seine bisherigen Aktionen zurückblicken, um zu erkennen, wo man momentan steht. Danach sollte man ruhig weiter voranschreiten.

Fünfte Linie

Empfindliche Füße. Empfindliche Füße in leichten Schuhen sind für beschwerliche Wege nicht geeignet. Wenn Sie voranschreiten, müssen Sie mit Schwierigkeiten rechnen. Seien Sie geduldig, warten Sie ab.

Vierte Linie

Tritte auf des Tigers Schwanz. Anfangs zögernd, schließlich erfolgreich. Sie sind jetzt stark genug, das Riskio auf sich zu nehmen, wenn Sie sich weiterhin der Gefahren bewußt sind. Dann sind Sie erfolgreich.

Dritte Linie

Er tritt auf des Tigers Schwanz und wird gefressen. Sie treiben Ihr Glück auf die Spitze. Jetzt sollten Sie nicht alles auf eine Karte setzen. Sie denken, daß Sie mehr tun können, als Sie tatsächlich in der Lage sind zu tun.

Zweite Linie

Auftreten auf ebener, leichter Bahn. Wenn Sie Ihre Geschäfte aufrichtig und offen betreiben, wird alles nach Ihren Wünschen verlaufen. Seien Sie ruhig und zurückhaltend. Lassen Sie sich nicht von Gedanken an Gewinne oder Verluste ablenken.

Erste Linie

Einfache Schuhe tragen. Wenn Ihre Position eher bescheiden ist, so sollten Sie die Sache nicht komplizierter machen, dann sind Sie sicher. Respektieren Sie Ihre Grenzen.

Risiken eingehen Eine Bekannte fragte uns, ob sie mit ihrem Sohn eine Geschäftspartnerschaft mit einem Ladenbesitzer eingehen sollte. Weder sie noch ihr Sohn kannten diesen potentiellen Partner besonders gut, aber sie wußten, daß er chronisch krank war und versuchte, seinen Alkoholismus zu überwinden – nicht unbedingt die perfekte Wahl eines aktiven und angeblich erfahrenen Partners. Obendrein schrieb das Geschäft auch noch rote Zahlen, und weder sie noch ihr Sohn hatten irgendwelche Erfahrungen im Einzelhandel. Der Sohn hatte ebenfalls ein Alkoholproblem, und dies war ein teures und kompliziertes Mittel, um ihm bei der Überwindung seiner Abhängigkeit zu helfen.

Frage: Wie sieht die Zukunft dieses Unternehmens aus?
Antwort: Unsere Bekannte erhielt das zehnte Hexagramm, die fünfte Linie war bewegt.

- *Das zehnte Hexagramm befaßt sich mit dem Eingehen eines Risikos. Es weist auf Vorsicht und Aufmerksamkeit hin.*
- *Die fünfte Linie sagt aus, daß man nicht genügend vorbereitet und möglicherweise unfähig ist.*

Die Fragende wie auch ihr Sohn hatten keinerlei Erfahrung im Einzelhandel, und dieser spezielle Laden war ohnehin bereits in Schwierigkeiten. Soviel zum Unvorbereitetsein und zur Unfähigkeit.

Wir rieten ihr von diesem Risiko ab. Sie blieb dennoch bei ihrem Vorhaben und verlor in der Folge zwanzigtausend Dollar. Ihr Sohn ging schließlich in eine Suchtklinik. Leider hatte ihr Wunsch, dieses Geschäft als Lösung zu dem eigentlichen Problem (dem Alkoholismus ihres Sohnes) einzusetzen, die tatsächliche Situation verdunkelt.

Erde

Himmel

Frieden · Harmonie · Wohlwollen

Der rechte Ort zur rechten Zeit.
Kleine Einsätze, große Erfolge.

Erde über dem Himmel. Der Himmel vereinigt sich mit der Erde. Ein sehr glücklicher Zustand. Der Himmel auf Erden.

Dieses Hexagramm heißt auf Chinesisch Tai, großartig, hochgestimmt. Mount Tai ist ein heiliger Berg in Ostchina. Mit dieser Größe hat man die innere Stärke, das Richtige zu tun.

Vertrauen und Sicherheit im Tun bringen Erfolg.

___ *Sechste Linie*

Burgmauern stürzen in den Graben. Die Verteidigungsmauern werden einstürzen. Das Aufgebaute wird zu seinem ursprünglichen Zustand zurückkehren. Vielleicht ist in Friedenszeiten keine Verteidigung mehr notwendig. Das Ende einer Ära.

___ *Fünfte Linie*

Der Vater gibt seine Tochter in die Ehe. Delegieren Sie Verantwortung an andere. Wenn Sie Fragen zu einer Ehe oder einer sonstwie gearteten Partnerschaft haben – die Verbindung wird erfolgreich sein.

___ *Vierte Linie*

Dem Nachbarn gegenüber nicht mit seinem Reichtum protzen. Vielleicht müssen Sie andere um Unterstützung und Rückendeckung bitten. Tun Sie es im Geist der Aufrichtigkeit und Freundschaft. Angeberei wird nur Neid hervorrufen.

___ *Dritte Linie*

Keine Ebene ohne Hügel, kein Gehen ohne Kommen. Nichts dauert ewig. Sie sind stark genug, die Veränderungen durchzustehen und Ihre innere Ruhe zu bewahren. Das Pendel schlägt in beide Richtungen aus.

___ *Zweite Linie*

Sich an einem hohlen Kürbis festhalten, dann wird man nicht hinweggeschwemmt. Sie brauchen eine Art Rettungsring, um einen schwierigen Übergang zu meistern, jemanden, auf den Sie sich verlassen können. Es ist wichtig, zwischen Hilfreichem und Schädlichem zu unterscheiden.

___ *Erste Linie*

An den Wurzeln verbunden. Sie zentrieren Ihre Aufmerksamkeit außerhalb Ihrer selbst. Die von Ihnen ausgehende Energie inspiriert ähnlich Gesinnte, sich Ihnen anzuschließen. Sie stellen Verbindungen her und nutzen sie sinnvoll.

Das Richtige tun 1991 verbrachten wir Halloween zu Hause in Bisbee, Arizona. Hier wird in dieser Nacht überall gefeiert. Aber wir hatten das Bedürfnis, mit der Natur in Einklang zu sein und wollten daher ein paar einsame Tage in unserer Berghütte verbringen.

Ganz spontan luden sich zwei neue Party-Bekannte ein, uns am Halloween-Wochenende auf unsere Hütte zu begleiten. Mit der idiotischen Großzügigkeit der Überraschten willigten wir ein. Aber als wir länger darüber nachdachten, beschlichen uns einige Zweifel. Zeit, das Orakel zu befragen.

Frage: Sollen wir mit unseren neuen Freunden in die Berge gehen?
Antwort: Das elfte Hexagramm, die dritte Linie bewegt.

- *Das elfte Hexagramm bringt Harmonie zum Ausdruck und die Bereitschaft, das Richtige zu tun, es passieren zu lassen.*

Wir freuten uns auf paar harmonische Tage, hatten aber den Verdacht, daß die beiden Bekannten eine andere Vorstellung von Harmonie hatten als wir. Wir dachten an ein paar stille Spaziergänge, stellten uns jedoch vor, daß die beiden eher an eine wilde Fete dachten. Würde es in einer primitiven Hütte funktionieren? Wir wollten zwar ungern eine gute Party versäumen, aber was sollte dann aus unserem stillen Waldspaziergang werden?

- *Die dritte Linie besagt, daß man realistisch sein soll, sich nicht darauf verlassen soll, daß alles perfekt sein wird.*

Wir interpretierten dies dahingehend, daß unsere Ängste durchaus berechtigt waren. Es würde für uns keine friedliche Zeit werden, sondern eine soziale Interaktion – fordernd, nicht entspannend. Wir entschlossen uns für unseren Waldspaziergang und gegen ein Gratwanderung.

Als ganzes gesehen sagt dieses Hexagramm, daß man mutig handeln und seinem eigenen Wissen vertrauen sollte. Dem sozialen Impuls zuwiderhandeln und nein zu sagen fällt uns sehr schwer, aber manchmal ist so etwas lebensnotwendig.

Himmel

Erde

Aufgehalten · Machtlos · Gehindert

Nicht mehr im Einklang.
Blockiert, so geht es nicht weiter.

Himmel über der Erde. Der Himmel und die Erde scheinen an ihrem richtigen Platz zu sein, aber sie stagnieren, sie haben nichts miteinander zu tun.

Die chinesische Bezeichnung für dieses Hexagramm lautet „böse, schlecht, blockiert, aufgehalten".

Engstirnige Leute, denen man nicht vertrauen kann, sind an der Macht. In dieser Situation kann man nur wenig machen.

Es sind nur kleine Fortschritte möglich.

Sechste Linie

Die Stockung ist überwunden. Alle Hindernisse sind beseitigt. Es stehen glückliche Tage bevor. Sie haben den Mut nicht verloren. Es geht es Ihnen gut, da nun wieder alles in Ihrem Sinn läuft.

Fünfte Linie

Eins mit dem Schicksal. Indem Sie sich Ihrem Schicksal stellen, werden Sie eins mit ihm. Zweifel und Ängste haben nicht länger die Macht, Sie zurückzuhalten. Das Ende der schlechten Zeiten. Sichern Sie sich Ihre Stellung.

Vierte Linie

Autorität und gute Freunde. Trotz Ihrer Nervosität in einer unsicheren Position finden Sie die nötige Unterstützung. Große Möglichkeiten. Die Dinge laufen allmählich besser.

Dritte Linie

Eine in Palmblätter gewickelte Opfergabe. Sie stehen an einer ungünstigen Stelle und bemühen sich intensiv, einen guten Eindruck zu machen. Geben Sie vor, jemand zu sein, der Sie nicht sind? Warum sind Sie nicht einfach nur Sie selbst?

Zweite Linie

Bescheidene Menschen müssen bescheidene Opfergaben machen. In Streßzeiten müssen wir manchmal unwürdigen Menschen schmeicheln. Halten Sie sich möglichst von solchen Menschen fern.

Erste Linie

Das Unkraut mit den Wurzeln herausreißen. Zu Beginn hat man die Möglichkeit, ein Hindernis zu beseitigen, bevor es fest verwurzelt ist. Wenn Sie nicht stark genug sind, es zu überwinden, sollten Sie sich davon entfernen. Bitten Sie Freunde um Hilfe.

GESCHICHTEN, DIE DAS LEBEN SCHREIBT

Keine Panik! Wir machten mit Freunden auf ihrer Yacht in Vancouver Urlaub und träumten vom Lebensstil der Reichen und Berühmten. Gleichzeitig standen wir in Verhandlungen über ein Projekt in England. Bislang hatten wir noch nie versucht, Geschäfte über eine so große Entfernung hinweg zu tätigen, und fühlten uns ein wenig hilflos in dieser Situation.

Eines späten Abends rief uns unser Anwalt an, den wir mit der Transaktion in England beauftragt hatten. Er sagte, daß der Käufer plötzlich noch eine weitere Bedingung aufgestellt habe. Wir wußten nicht, was wir nun tun sollten. Wenn dieses Geschäft nicht klappte, würden wir wieder ganz von vorn beginnen müssen. Wir konnten uns keine Fehler leisten.

Frage: Ist diese neue Bedingung für uns vorteilhaft oder nicht?
Antwort: Das zwölfte Hexagramm, die fünfte Linie bewegt.

- *Das zwölfte Hexagramm spricht von plötzlich auftretenden Hindernissen. Es gibt irgendeine Stockung.*
- *Die fünfte Linie sagt, daß man nicht seinen Ängsten entsprechend handeln und vor der Situation davonlaufen sollte. Die fünfte Linie weist allgemein auf eine starke Position hin. Es ist nur eine unbedeutende Stockung, man sollte sich nicht abschrecken lassen.*

Wir willigten in die neuen Bedingungen des Käufers ein, und das Geschäft klappte. Alles lief wunderbar. Auch heute noch passieren Wunder! In dieser Situation hatten wir tatsächlich nicht die geringste Ahnung, wie wir reagieren sollten, und verließen uns völlig auf den Rat des I Ging.

Himmel

Feuer

Gemeinschaft · Teilen · Zusammenarbeiten

Einer für alle und alle für einen.
Mit Freunden im Freien unterwegs.

Feuer unter dem Himmel. Freunde versammeln sich im Freien um ein Feuer.

Zusammenarbeit, Harmonie, Synergie, Teamwork.

Dieses Hexagramm beschreibt gleichgesinnte Menschen, die miteinander teilen können.

Wenn gleichgesinnte Menschen sich um ein gemeinsames Ziel bemühen, wird Großes erreicht werden.

___ *Sechste Linie*

Mit anderen in unbekannten Gebieten unterwegs. Sie befinden sich mit neuen Menschen in einem unbekannten Bereich. Seien Sie offen und freundlich. Der Beginn von etwas Neuem.

___ *Fünfte Linie*

Tränen, dann Lachen. Die gefürchteten Schwierigkeiten treten wahrscheinlich ein. Sie stehen sie jedoch durch und werden dann wieder bei Ihren Freunden sein.

___ *Vierte Linie*

Er steigt auf die Mauer, er greift nicht an. Stellen Sie sich auf eine erhöhte Position, dort stehen Sie sicher. Dann müssen Sie auch nicht mit Gewalt oder Aggression vorgehen.

___ *Dritte Linie*

Mit verborgenen Waffen auf der Suche nach Freunden. Manche Menschen verheimlichen ihre aggressiven Absichten, wenn sie sich um neue Freundschaften bemühen. Freunde sollten sich aus freien Stücken einer Gruppe anschließen. Wenn Sie die Leute nicht gegeneinander ausspielen, können alle Ihnen vertrauen.

___ *Zweite Linie*

Ärger mit Freunden im Tempel. Familienstreitereien, Platzrangeleien, Begünstigungen. Wählen Sie sich Ihre Freunde sorgfältig aus und vermeiden Sie Ärger.

___ *Erste Linie*

Freunde am Zaun treffen. Öffnen Sie die Türen und Ihr Herz allen Menschen in gleicher Weise. Zurückhaltung ist nicht nötig. Wenn Sie jemanden kennenlernen, sollten Sie vorbehaltlos das Beste in ihm sehen.

Grüne Ernte Die spirituelle Gemeinschaft, der wir uns in Hawaii angeschlossen hatten, besaß ziemlich viel Land. Etwa fünfzig Acres (über 20 Hektar) gingen in unbebautes Land und Urwald über. Wir entdeckten, daß auf diesem Land pakalolo (hawaiianisch für „verrückter Rauch", d. h. Marihuana) angebaut wurde.

Wir hielten uns zu einer einmonatigen Schweigemeditation in einem Tempel auf, da hörten wir Regierungshubschrauber, die zur Erntezeit die Insel patroullierten, über diesem Tempel kreisen. Die Hubschrauber waren höheren Bewußtseinszuständen definitiv nicht zuträglich. Wenn die Pflanzen entdeckt würden, könnte dies allen Mitgliedern der spirituellen Gemeinschaft Probleme bereiten, selbst uns, die wir gar nichts damit zu tun hatten.

Frage: Wie ist die Situation beschaffen, wo stehen wir? Was sollen wir tun?
Antwort: Das 13. Hexagramm, die fünfte Linie bewegt.

- *Das 13. Hexagramm sagt aus, daß man sich in einer gruppendynamischen Situation befindet, sozusagen in einer karmischen Verbindung. Eine Art Ehe. Vorteilhaft oder nicht?*
- *Die fünfte Linie sagt aus, daß man nicht paranoide ist, sondern Ängste durchaus berechtigt sind. Die Situation wird Grund zu Aufregung geben. Tränen, dann Lachen. Man sollte sich auf Ärger einstellen, aber auch darauf, daß man unbeschadet daraus hervorgeht.*

Nach unserer anfänglichen Nervosität beruhigten wir uns wieder und setzten unsere Meditationsübungen fort. Am letzten Tag hörten wir wieder die Hubschrauber über dem Tempel kreisen. Diesmal landeten sie, bewaffnete Polizisten stiegen aus und nahmen alle Pflanzen an sich, die sie finden konnten. Ärger, wie erwartet, aber es wurde nichts weiter unternommen, und wir kamen unbeschadet aus dem Ganzen heraus.

Feuer

Himmel

Wohlergehen · Reichtum · Besitz

Alles haben.
Großer Reichtum ist ein Segen.

Feuer am Himmel. Die Sonne in der Mittagszeit, den Gipfel des Reichen und Erfolgreichen nahelegend.

Die Yin-Linie auf dem fünften Platz herrscht über alle Yang-Linien; wie ein König, komfortabel in seinem Palast.

Die chinesische Beschreibung dieses Hexagramms lautet: ganz, komplett, voll ausgewachsen sein.

Ein Reicher muß seinem Reichtum gerecht werden. Wer seine Bestimmung erfüllt hat und noch etwas übrig hat, sei es nun Geld oder Liebe, ist in der Lage, es großzügig zu verteilen.

Reichtum und Güter ermöglichen große Errungenschaften.

___ *Sechste Linie*

Mit Hilfe des Himmels alles tun. Ihre Vorteile, Ihre Talente und Ihr günstiges Schicksal sind ein Geschenk des Himmels. Seien Sie dankbar und setzen Sie sie sinnvoll ein. Schließlich werden alle Ihre Bemühungen gesegnet sein.

___ *Fünfte Linie*

Gegenseitiges Vertrauen, günstiges Schicksal. Die Macht der Führung besteht darin, andere zu ermuntern, bereitwillig ihr Bestes zu geben. Ihre Aufrichtigkeit wird es anderen erleichtern, offen und ehrlich zu sein. Ihr größtes Gut ist Selbstdisziplin.

___ *Vierte Linie*

Nicht zu prahlen wendet Schaden ab. Vielleicht haben Sie großes Glück, aber prahlen Sie nicht damit. So vermeiden Sie Mißgunst von anderen. Sie haben es nicht nötig, etwas vorzutäuschen. Seien Sie einfach Sie selbst.

___ *Dritte Linie*

Nur ein großer Mensch kann solche Opfergaben machen. Teilen Sie Ihr Vermögen mit anderen. Wenn Sie Ihren Reichtum nur zum eigenen Vorteil einsetzen, werden Sie langfristig Schaden davontragen.

___ *Zweite Linie*

Sicher in einem großen Wagen. Sie besitzen die Ausgewogenheit und auch die Weisheit, Ihre Talente sinnvoll einzusetzen. Sie erfahren Unterstützung und reisen stilvoll.

___ *Erste Linie*

Keinen Schaden anrichten hält Schaden fern. Geben Sie anderen keinen Grund, Ihren Reichtum abzulehnen. Ihre Freundlichkeit lädt andere ein, Ihnen freundlich zu begegnen. Wenn Sie sich von Problemen fernhalten, halten sich die Probleme auch von Ihnen fern. Schützen Sie sich vor Unheil, ohne dabei aggressiv zu sein.

Ein verborgener Schatz Rod war in der Schweiz unterwegs, um den geheimen Inhalt eines Bankschließfachs zu überprüfen, das ihm sein verstorbener Vater vor vielen Jahren vermacht hatte. Große Möglichkeiten oder nichts Besonderes?

Frage: Was erwartet mich?
Antwort: Rod erhielt das 14. Hexagramm, die fünfte Linie war bewegt.

- *Das 14. Hexagramm weist auf Reichtum und Glück hin. Halleluja!*
- *Die fünfte Linie spricht von der Selbstbeherrschung, mit der man sein Vermögen sinnvoll einsetzen sollte.*

Der Inhalt war eine Riesenüberraschung: Familienschätze aus der Vergangenheit, von deren Existenz Rod überhaupt nichts gewußt hatte: ein paar wundervolle ungarische Porzellanteile und Stickereien sowie ein kostbarer Diamantring seiner Großmutter.

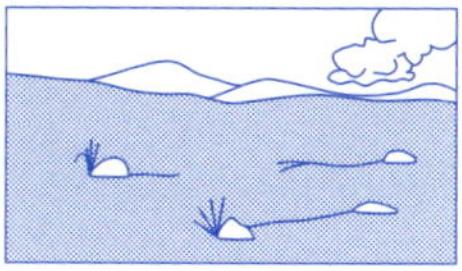

Erde

Berg

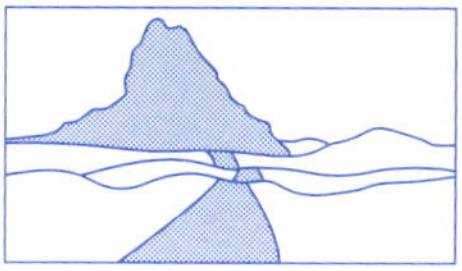

Bescheidenheit · Demut · Sanftmut

Kein Lob suchen, Schuldzuweisungen vermeiden.
Im Segen der Bescheidenheit liegt Erfolg.

Berg unter der Erde. Wo Zuversicht herrscht, braucht man nicht zu prahlen.

Die Chinesen hielten dieses Hexagramm für die Verkörperung der besten menschlichen Eigenschaften.

Es soll nicht heißen, daß man untätig bleiben soll. Aber der Tätigkeit sollte nicht die geringste Spur von Stolz innewohnen.

Das tun, was getan werden muß, ohne die möglichen Früchte des Tuns im Auge zu haben.

___ *Sechste Linie*

Das Heer marschieren lassen, Städte erobern. Setzen Sie Ihren Ruf als selbstloser Führer dazu ein, andere für Ihr Anliegen zu begeistern. Selbst für den Schüchternen gibt es eine Zeit, in der entschlossenes Handeln der richtige Weg ist.

___ *Fünfte Linie*

Unglück von einem Nachbarn, günstig für einen Angriff. Sie müssen sich vor Unglück wappnen und handeln. Wenn Sie ein gerechtfertigtes Anliegen haben und nicht mit Ihrem Erfolg prahlen, werden Sie erfolgreich sein.

___ *Vierte Linie*

Günstig, aktiv zu werden. Bescheidenheit kann nicht mehr als Vorwand für Untätigkeit genommen werden. Tun Sie das Nötige, ohne Ihre Demut aufzugeben.

___ *Dritte Linie*

Bescheiden trotz der Verdienste. Vollenden Sie Ihre Aufgabe in aller Ruhe. Ihre Erfolge verändern Ihre demütige Einstellung nicht, sie steigen Ihnen nicht zu Kopfe. Tun Sie Ihre Pflicht.

___ *Zweite Linie*

Friedfertigkeit kommt zum Ausdruck. Sie stehen im Ruf, bescheiden zu sein. Diese Eigenschaft anspruchsloser Kompetenz ist der natürliche Ausdruck Ihres Selbst.

___ *Erste Linie*

Den großen Fluß demutsvoll und bescheiden überqueren. Ihr anspruchsloses Selbstvertrauen bringt Sie erfolgreich weiter. Schwierige Unterfangen klappen, wenn Sie das tun, was getan werden muß.

Das richtige Tun Ein mit uns befreundeter Student war in seinem zweiten Studienjahr und hatte sich bislang noch nicht für einen Beruf entscheiden können. Am Tag der Orakelbefragung hatte er noch lachend festgestellt, daß er vielleicht auch therapeutisch tätig werden würde wie wir, weil in diesem Bereich offensichtlich gutes Geld zu machen sei.

Diesen Kommentar fanden wir schlicht unpassend. Wenn man anderen Menschen helfen möchte, dann tut man es einfach, und wenn man Geld machen möchte, dann tut man eben das. Der wahre Grund für seine Unentschlossenheit war wohl, daß er nicht wußte, ob er nun ein Yuppie oder ein integrer Mensch werden wollte.

Frage: Wie erreiche ich Harmonie und Ausgewogenheit in meinem Leben?
Antwort: Er erhielt das 15. Hexagramm, die fünfte Linie war bewegt.

- *Das 15. Hexagramm spricht vom richtigen Verhalten, wie man ein guter Mensch sein und demütig und bescheiden handeln kann.*
- *Die fünfte Linie ist die Hauptlinie des Hexagramms. Ein bescheidener Mensch zu sein heißt nicht, nichts zu tun. Man muß handeln, aber aus welchen Motiven heraus?*

Zuerst sollte man herausfinden, wer man eigentlich ist, bevor man beschließt, was man tun will. Handeln, weil es das richtige ist, nicht, weil man damit einen Gewinn machen möchte.

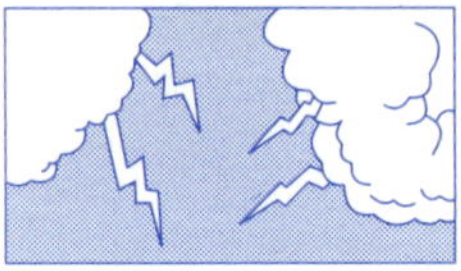

Donner

Erde

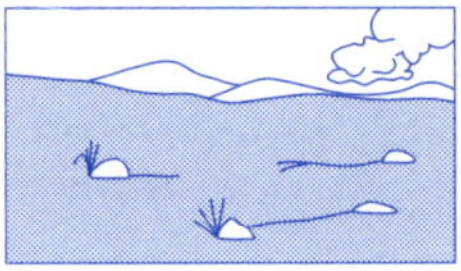

Motivation · Inspiration · Ermutigung

Gehen wir es an!

Helfer einsetzen, Schritte unternehmen.

Donner über der Erde. Aus der Ruhe der Erde kommt die Bewegung und Aktivität. Donner erregt Begeisterung und Erwartung.

Der Donner ist die Musik, die den Planeten und die Menschen zur Bewegung auffordert.

Wenn das Leben fade wirkt und man sich scheinbar immer im gleichen Trott bewegt, soll man sich durch ein neues Projekt oder durch Singen und Tanzen anregen lassen.

Singen und Tanzen schaffen Harmonie zwischen den Menschen und dem Kosmos, der Geist wird angeregt, die Energie gesteigert.

___ *Sechste Linie*

Verblendete Begeisterung, Änderung ist notwendig. Man hat sich von seiner eigenen Begeisterung blenden lassen. Wenn man seinen Weg ändert, wird sich alles zum Guten wenden. Wachen Sie aus Ihren wirren und vergeudeten Bemühungen auf.

___ *Fünfte Linie*

Chronische Krankheit, jedoch kein Tod. Trägheit und Antriebslosigkeit werden nicht beseitigt, wenn man andere tun läßt, was man selbst tun sollte. Dies schwächt nur und gibt anderen Menschen Macht.

___ *Vierte Linie*

Ursprung der Begeisterung. Sie sind für andere ein Quell der Begeisterung, ein leuchtendes Vorbild. Sie haben die Fähigkeit, andere Menschen zu ermuntern, Ihrem Beispiel zu folgen.

___ *Dritte Linie*

Nach anderen blicken, um sich zu motivieren. Erwarten Sie nicht, daß andere sich um Sie kümmern. Sie müssen selbst eine Veränderung hervorrufen, kein anderer wird es für Sie tun.

___ *Zweite Linie*

Fest wie ein Stein, die Zeit ist gekommen. Beharrlichkeit und Standhaftigkeit zahlen sich aus. Indem Sie nicht von Ihren Prinzipien abweichen, kommt das Glück zu Ihnen. Tun Sie das, was getan werden muß. Ihre Zeit ist gekommen.

___ *Erste Linie*

Unheil, wenn man sich öffentlich rühmt. Vielleicht geben Sie vor, glücklicher zu sein, als Sie tatsächlich sind, oder Sie prahlen mit Errungenschaften, derer Sie sich noch nicht sicher sind. Entspannen Sie sich, werden Sie lockerer!

Wieder unterwegs In England unterhielten wir eine Zeitlang eine glückliche ménage à trois. Das perfekte Paar plus ein weiterer, so pflegten alle zu sagen. Doch der Glanz und die Neuheit unserer Liebesgeschichte blätterten allmählich ab. Wir liebten uns zwar immer noch, aber unser gemeinsames Leben fühlte sich langsam fade und eintönig an und war von emotionalen Problemen belastet. Der Alltag wurde zur Tretmühle. Wir erkannten, daß es schwierig war, eine wachsende Beziehung zwischen uns dreien aufrechtzuerhalten.

Frage: Was sollen wir tun? Welche Richtung nimmt unsere Liebe?
Antwort: Das 16. Hexagramm, die dritte Linie bewegt.

- *Das 16. Hexagramm spricht davon, die Trägheit zu überwinden und sich wieder in Bewegung zu setzen.*
- *Die dritte Linie weist darauf hin, daß man tatsächlich immer fader wird. Dieser Zustand wird einem allmählich klar. Wenn man dann schließlich den Drang dazu verspürt, sollte man sich in Bewegung setzen.*

Aufstehen! Musik machen! Sich in ein Abenteuer begeben! Um das ganze wieder in Schwung zu bringen, begab sich das glückliche Dreiergespann nach Indien.

Haben wir damit Erfolg gehabt? Und wie! Über zwei Jahre lang waren wir in Asien und dann noch weiter in der ganzen Welt unterwegs. Wir ließen unsere ausgetretenen Pfade nicht nur weit hinter uns, wir flogen geradewegs in die Stratosphäre!

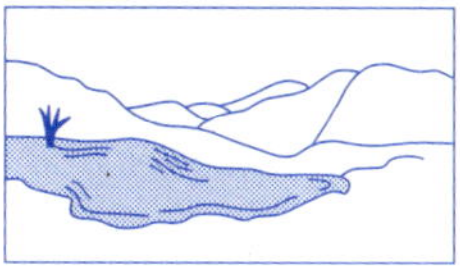

See

Donner

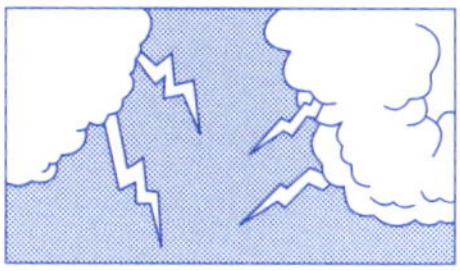

Verfolgung · Ehrgeiz · Die Jagd

Einsatz!
Die Jagd ist erfolgreich.

Donner inmitten des Sees. Der Donner im unteren Trigramm steht für Aktion, die das Heitere des Sees anregt.

Es wird erzählt, daß ein Soldat sich Verdienste erwarb, indem er für seinen König Gefangene machte. Rauhe Zeiten!

Günstig, aktiv zu werden und das zu suchen, was man will.

Erfüllen Sie sich Ihre ehrgeizigen Wünsche! Folgen Sie Ihrer göttlichen Eingebung!

___ *Sechste Linie*

Gebunden mit einem Seil oder durch Loyalität. Der Jäger ist gefangen, entweder vom Feind oder von den Banden seiner Loyalität. Man kann durch Negativität und seine Sehnsüchte gefangen sein oder sich höheren Zielen verschreiben.

___ *Fünfte Linie*

Loyalität zahlt sich aus. Loyale Taten werden durch Erfolge belohnt. Wahrheit und Güte werden Ihnen stets folgen.

___ *Vierte Linie*

Die Jagd ist vorbei. Sie haben alles erreicht, was Sie brauchen. Legen Sie eine Pause ein. Weiterzumachen ist gierig und würde Neid hervorrufen.

___ *Dritte Linie*

Den Großen fangen, den Kleinen laufen lassen. Sie stehen kurz vor Ihrem Ziel. Geben Sie etwas weniger Wertvolles auf, um Ihr Ziel zu erreichen.

___ *Zweite Linie*

Den Kleinen festhalten, den Großen verlieren. Sie haben noch einen ziemlich weiten Weg vor sich. Wenn Sie an etwas Geringerem festhalten, entgleitet Ihnen die Möglichkeit, etwas Größeres zu bekommen.

___ *Erste Linie*

Beharrlichkeit trotz eines Verlusts, aktiv werden. Sie erleiden ein Mißgeschick, erholen Sich jedoch schnell wieder davon. Vielleicht läßt Sie ein Rückschlag aktiv werden. Letztlich wird sich alles zu Ihrem Vorteil wenden.

Alles haben wollen

Wir waren in Verlegenheiten. Wir hatten ein Haus, einen sicheren Zufluchtsort, saßen aber finanziell in einer Zwickmühle – reich an Land, arm an Geld. Wir liebten unseren Lebensstil, mußten jedoch eine radikale Veränderung vornehmen.

Eben hatten wir unser Landhaus in England zum Verkauf angeboten und ein Angebot erhalten, das uns zu niedrig erschien. De facto war es unser Tiefstpreis. Aber Träume sind hartnäckig. Noch waren wir nicht bereit, den Tiefstpreis zu akzeptieren.

Frage: Sollen wir dieses Angebot annehmen?
Antwort: Das 17. Hexagramm, die zweite Linie bewegt.

- *Das 17. Hexagramm bedeutet, daß man aktiv etwas sucht, daß man auf der Jagd ist.*

In diesem Fall suchten wir den Käufer für unser Anwesen.

- *Die zweite Linie spricht von Zielen und Möglichkeiten.*

Was die Ziele anbelangte, war unser derzeitiges Leben weit entfernt von unseren Träumen. Dieses Haus zu verkaufen und weiterzuziehen war nur der Anfang unseres Traums vom Lernen, Reisen und Unterrichten. Was die Möglichkeiten betraf, so sahen wir die Notwendigkeit, etwas, was uns sehr lieb geworden war, loszulassen, um etwas Größeres zu erreichen.

Sollten wir vorsichtig sein, auf der sicheren Seite bleiben, oder alles auf eine Karte setzen? Wir mußten uns entscheiden. Natürlich hätten wir das I Ging ein weiteres Mal befragen können, wenn unsere Werte noch fraglich gewesen wären. In diesem Fall hatten wir uns lange mit den Aussichten, unser Haus zu verkaufen, beschäftigt, und unsere Interpretation war eindeutig. Wir setzten alles auf eine Karte und haben es nicht bedauert.

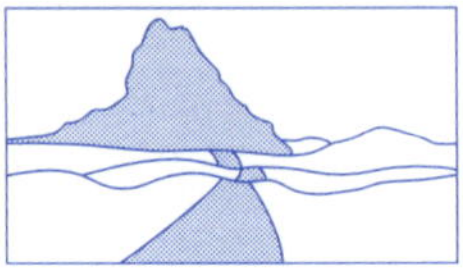

Berg

Baum

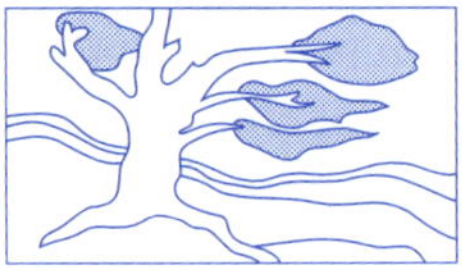

Verfall · Wiederherstellung · Verantwortung

Seine Pflicht tun.
Reparieren, was repariert werden muß.

Der Baum befindet sich unter dem Berg. Der Berg steht für ein Hindernis, eine Last für den Baum. Wenn er nicht beseitigt wird, wird der Baum verrotten.

Es wird erzählt, daß ein junger Mann zeitweise seine Familie verlassen mußte, weil sein alternder Vater krank war. Er mußte sich um das Geschäft seines Vaters kümmern, bis es diesem wieder besser ging.

Etwas in Ihrem Leben muß repariert werden. Wenn Sie bereit sind, sich die Zeit zu nehmen und es zu erledigen, werden Sie bald wieder auf Ihren ursprünglichen Pfad zurückkehren können.

___ *Sechste Linie*

Nicht den Mächtigen dienen, sich höhere Ziele stecken. Mit einer makellosen Motivation ist es Ihnen möglich, in Übereinstimmung mit Ihren nobelsten Bestrebungen zu handeln, selbst wenn Sie dabei einige Regeln verletzen.

___ *Fünfte Linie*

Lob dafür, seinem Vater zu helfen. Jemand braucht Ihre Hilfe, und Sie werden dafür gelobt werden. Es ist Ihren Einsatz wert, obgleich Sie vielleicht auch ein Bedauern hegen.

___ *Vierte Linie*

Es wurde versäumt, dem Vater zu helfen. Sie haben etwas ignoriert, bis es sich zu einer Krise ausgewachsen hat. Nicht überaktiv reagieren, sondern warten, bis Sie die richtige Umgangsweise mit diesem Problem gefunden haben.

___ *Dritte Linie*

Der Vater braucht Hilfe. Ungeduldig und reuevoll stellen Sie Ihre eigenen Angelegenheiten in den Hintergrund, um einem anderen Menschen zu helfen. Langfristig gesehen ist es das Beste!

___ *Zweite Linie*

Der Sohn hilft seiner Mutter. Nicht richtig. Dieses Problem fällt vielleicht nicht in Ihren Verantwortungsbereich. In China kümmern sich die Töchter um die Mütter, die Söhne um die Väter.

___ *Erste Linie*

Der Sohn hilft seinem Vater. Richtig. Sie sehen die Notwendigkeit und nehmen die Sache sogleich in die Hand. Ihre Begeisterung und Energie werden Ihnen helfen, selbst wenn Sie ein Neuling sind.

Freundschaft birgt Verantwortung Es kam uns vor, als hätten wir eine besondere Nähe zu einem guten Freund verloren. Wie sollten wir damit umgehen? Außerdem mußten wir herausfinden, ob unser Eindruck stimmte. Vielleicht waren die Abstände zwischen unseren Briefen und Besuchen einfach zu lang.

Frage: Wie ist diese Beziehung wirklich beschaffen?
Antwort: Das 18. Hexagramm, die zweite Linie bewegt.

- *Im 18. Hexagramm wird erläutert, wie man mit Problemen umgehen soll, die einen von seinem Hauptziel ablenken.*

Es kommt in Beziehungen sehr häufig vor, daß die Leute den Bezug zueinander verlieren, ohne wirklich zu wissen warum. Meine Schuld? Die Schuld des anderen? Hat dieses Gefühl, nicht mehr in Verbindung zu stehen, vielleicht überhaupt nichts mit mir zu tun? Wer weiß das schon mit Sicherheit?

- *Die zweite Linie besagt, daß es ein Problem gibt, es jedoch nichts mit einem selbst zu tun hat.*

Als wir schließlich unseren Freund wieder einmal trafen, berichtete er uns, daß er in einer sehr persönlichen Krise gesteckt hatte. Unsere Beziehung machte ihm überhaupt keine Sorgen. Sein ganzes Leben war ihm plötzlich zum Problem geworden. Wir hatten es persönlich genommen und geglaubt, daß zwischen uns etwas nicht stimmte. Sobald die Kommunikation wiederhergestellt war, lief auch unsere Freundschaft wieder bestens.

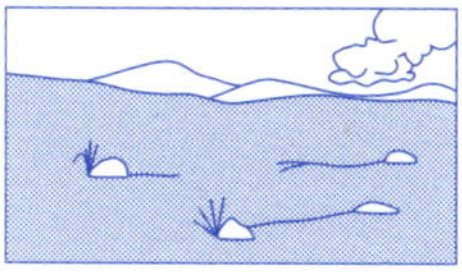

Erde

See

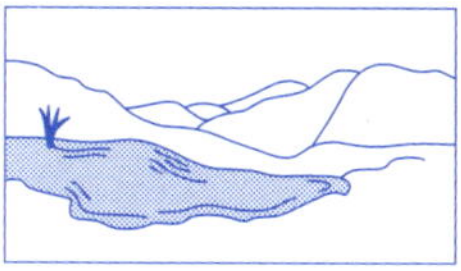

Aktiv werden · Begegnung · Engagement

Kurz vor dem Start.
Wachsende Energien werden schließlich wieder abnehmen.

Erde über dem See. Die ausdrucksvolle Energie des Sees steigt nach oben. Die Erde oder Wiese steht für Empfänglichkeit. Etwas zeigt sich, bricht durch. Eine Krise, eine Weggabelung, Dinge entscheiden sich. Etwas Wunderbares wird demnächst passieren.

Der chinesische Begriff für dieses Hexagramm bedeutet Überwachung, Kontrolle, aber auch Einfluß gewinnen, entschlossene Führerschaft.

Nutzen Sie die guten Zeiten, vergessen Sie jedoch nicht, etwas für widrigere Zeiten auf die Seite zu legen. Bündeln Sie Ihre Energien!

___ *Sechste Linie*

Aufrichtige, makellose Begegnung. Sie haben den Gipfel schon erreicht und sind weitergegangen. Aus dieser neuen Sichtweise heraus besitzen Sie die Freiheit, Ihre innersten Gefühle dessen, was Sie für wahr und richtig halten, auszudrücken.

___ *Fünfte Linie*

Weise Führung. Sie sind weise genug, nach innen zu blicken und bei einer wichtigen Entscheidung den richtigen Weg zu finden. In dieser Linie treffen sich die erhabenen Eigenschaften von Weisheit, Mitleid und Aktion.

___ *Vierte Linie*

Perfektes Handhaben. Die Menschen lassen sich von Ihrer Aufrichtigkeit und Integrität überzeugen. Sie befinden sich in einer Position, in der Sie eine Krise ruhig, besonnen und unaufdringlich lösen können.

___ *Dritte Linie*

Unüberlegte Schritte, keine gute Idee Eine selbstgefällige und sorglose Einstellung in einer Krisensituation wird zu Problemen führen. Wenn Sie Ihren Fehler rechtzeitig bemerken, ersparen Sie sich Ärger.

___ *Zweite Linie*

Anderen ein Beispiel sein. Der Übergang von einer alten in eine neue Situation. Widerstände werden erfolgreich gelöst. Sie können andere positiv beeinflussen.

___ *Erste Linie*

Freunde kommen zu Besuch. Ein Zusammentreffen von Freunden. Sie inspirieren andere.

Neuanfang Nach einer mehrjährigen Pause, in der wir nicht therapeutisch tätig gewesen waren, sondern uns zurückgezogen und viel meditiert hatten, wurden wir von einer Bekannten gebeten, ihr zu helfen und wieder zu praktizieren.

Es handelte sich um eine junge, achtzehnjährige Frau, die sich ihrer selbst nicht sicher war und Gewichtsprobleme hatte; eine Situation, die mit Sicherheit eine Beratung erforderlich machte.

Frage: Ist es ratsam, wieder therapeutisch tätig zu werden?
Antwort: Das 19. Hexagramm, die sechste Linie bewegt.

- *Das 19. Hexagramm ermuntert dazu, aktiv zu werden. Der allgemeine Eindruck dieses Hexagramms bestärkte uns, einen Schritt nach vorn zu unternehmen.*
- *Die sechste Linie besagt, daß man in aufrichtigem Geist vortreten sollte.*

Wir hatten aufgehört, therapeutisch zu arbeiten, weil die konventionellen Methoden, in denen wir ausgebildet worden waren, für uns nicht mehr gangbar waren. Im beruflichen Bereich hatten wir unseren Höhepunkt erreicht, und anstatt zurückzugehen wollten wir neu anfangen. Dies bedeutete für uns, aufrichtig zu handeln und eine ganzheitliche Methode zu praktizieren, und genau dies taten wir auch.

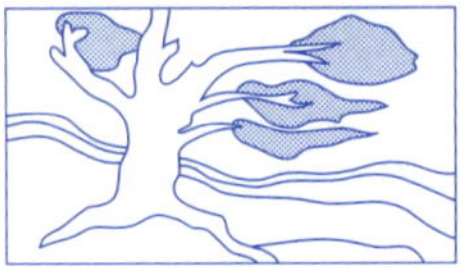

Baum

Erde

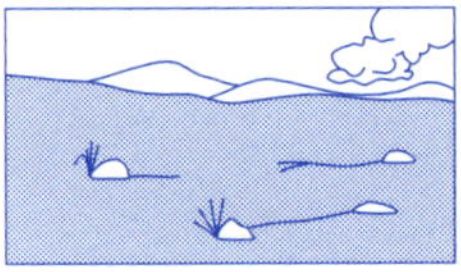

Betrachtung · Perspektive · Beobachtung

Dinge gut überlegen.
Sich vor der Opfergabe die Hände waschen.

Ein Baum auf weiter Ebene. Der Baum bedeutet auch Wind, der über die Erde bläst und seinen Einfluß verbreitet. Sehen und gesehen werden.

Sie reinigt sich und spricht ein Gebet vor ihrer Opfergabe. Anstatt einfach weiterzumachen hält sie inne und schafft in ihrem Geist Raum für Wachheit und Beobachtung.

Bevor man etwas Wichtiges unternimmt, sollte man innehalten, sich vorbereiten und sammeln. Finden Sie eine neue Sichtweise. Bleiben Sie stehen, sehen Sie hin, hören Sie zu!

Sechste Linie

Andere beobachten, makellos. Sie stehen über der Situation und können sich durch Ihre Beobachtung eine intelligente Meinung zu dem Zustand von anderen bilden.

Fünfte Linie

Sich selbst beobachten, makellos. Sie besitzen genügend Klarheit, um Ihre Taten zu bewerten. Ihr Wert mißt sich an den Auswirkungen, die Sie auf die Menschen in Ihrer Umgebung haben.

Vierte Linie

Der Gast beobachtet das Königreich. Sie sind zu einem Abenteuer eingeladen worden. Beurteilen Sie den Wert dieser Einladung an der Art und Weise, in der Sie behandelt werden, und an der Atmosphäre Ihrer neuen Umgebung.

Dritte Linie

Die Höhen und Tiefen des Lebens betrachten. Betrachten Sie sorgfältig Ihre Vergangenheit, um für die Zukunft die besten Entscheidungen zu fällen. Vervollkommnen und nutzen Sie Ihre besten Eigenschaften!

Zweite Linie

Hinter einem Vorhang hervorspähen. Furcht vor dem Unbekannten ist der Grund Ihres Unbeteiligtseins. Das ist in Ordnung. Andererseits sollten Sie mutig handeln, wenn Sie an etwas beteiligt sind.

Erste Linie

Kindliches Betrachten. Ein Kind darf die Welt einfach und mit unschuldigen Augen sehen. Bei einem Erwachsenen können sich bei einer solchen Sichtweise Vorurteile, Engstirnigkeit, Ignoranz manifestieren.

Charlies Geschichte 1981 stand Charlie, Amys Sohn, am Anfang seiner Karriere als Filmemacher. Eines seiner ersten Filmprojekte sollte die Biographie seines Vaters, eines Bildhauers, sein.

Frage: Wie soll ich an diese Aufgabe herangehen?
Antwort: Das 20. Hexagramm, die vierte Linie war bewegt.

■ *Das 20. Hexagramm rät, sich Klarheit zu verschaffen, bevor man die nächsten Schritte unternimmt, innezuhalten und alle Möglichkeiten zu erwägen.*

Charlie war zuversichtlich, daß er als Regisseur, Produzent und Drehbuchautor dieses Films erfolgreich sein würde. Aber er hatte die Haltung seines Vaters zu diesem Projekt außer acht gelassen. Würde der Vater seinem Sohn die Kontrolle überlassen können?

Eine neue Perspektive zu finden, das war der Rat dieses Hexagramms, der Charlie am meisten beeindruckte. Er hatte es als Selbstverständlichkeit angenommen, daß eine Einwilligung zur Mitarbeit auch Zusammenarbeit und Respekt bedeuteten. Er nahm die Dinge so, wie sie ihm auf den ersten Blick erschienen. Aber de facto war das Projekt nicht nur harmonisch.

■ *Die vierte Linie weist darauf hin, daß man eine neue Situation sorgfältig untersuchen muß.*

Auch dieser Rat beschrieb sämtliche Elemente in Charlies Situation vortrefflich. Inzwischen war er erwachsen und kehrte unter neuen Voraussetzungen zu seinem Vater zurück, nicht mehr als Kind, sondern als unabhängiger Erwachsener.

Er suchte seinen Vater mit diesem Rat im Hinterkopf auf, und wir glauben, daß ihm dieser Rat sicherlich geholfen hat, in dieser Beziehung den schwierigen Übergang vom Sohn zum Mann zu tätigen. Wie sich herausstellte, fiel es dem Vater schwerer als seinem Sohn, den Übergang nachzuvollziehen.

Feuer

Donner

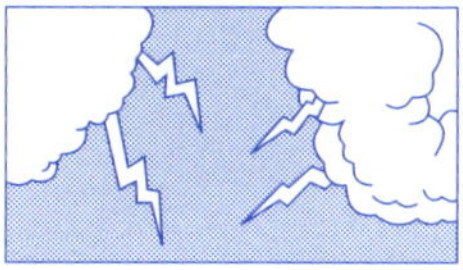

Bemühungen · Entschlossenheit · Dinge regeln

Gerechtigkeit walten lassen.
Sich durch Hindernisse durchbeißen.

Feuer über dem Donner. Der Donner und das Feuer sind wie Blitz und Donner in einem Sturm. Erschreckend und gleichzeitig belebend.

Vorbehaltlose Absicht ist notwendig, um die Hindernisse zu beseitigen.

Die Chinesen verdeutlichten dieses Hexagramm mit dem Bild eines Menschen, der sich mit energischer Entschlossenheit durch ein Hindernis durchbeißt.

Jetzt ist der Zeitpunkt gekommen, um sich einer Situation direkt zu stellen, ohne ihr entkommen zu wollen. Dies kann Disziplin und korrigierende Maßnahmen erforderlich machen.

Sechste Linie

Einen hölzernen Halskragen tragen, der die Ohren bedeckt. Sie sind zu weit gegangen und sind taub gegenüber den Ratschlägen Ihrer Mitmenschen, gefangen in Ihrer arroganten, kurzsichtigen Ignoranz.

Fünfte Linie

In gutes Trockenfleisch beißen, Gold finden, vorsichtig sein. Ihre entschlossene Tatkraft hat Ihnen einen wertvollen Preis eingebracht. Wenn Sie sich aber zu sehr daran hängen, kann es Ihren Absturz bedeuten. Früher hielt man es für tödlich, Gold zu verschlucken.

Vierte Linie

In getrocknetes Knorpelfleisch beißen, eine Pfeilspitze finden. Sie sind entschlossen, zum Kern einer schwierigen, langwierigen Angelegenheit durchzudringen. Sie gehen als Gewinner daraus hervor, wenn Sie das Problem schwungvoll angehen.

Dritte Linie

Auf altes Dörrfleisch beißen, Giftiges finden. Wenn Sie sich bitteren Erfahrungen aus Ihrer Vergangenheit stellen, können Sie weiterkommen. Vielleicht schämen Sie sich auch einer früheren Tat. Jetzt haben Sie die Gelegenheit, die Sache zu berichtigen.

Zweite Linie

Sich so tief verbeißen, daß die Nase verlorengeht. Sie sind ungeduldig und zwanghaft. Sie haben zu wenig Abstand, um die Dinge noch klar sehen zu können.

Erste Linie

Fußfesseln verhindern einen Irrtum. Schon früh werden Sie daran gehindert, einen falschen Schritt zu unternehmen. Sie brauchen nur eine kleine Warnung, dann finden Sie schon Ihren Weg.

Sich den Konsequenzen stellen

Oft befragen wir das I Ging an Silvester oder Geburtstagen zum kommenden Jahr. Unser Freund Darrell bat uns um ein Orakel für sein nächstes Jahr.

Frage:	Was wird mir das Jahr 1990 bringen?
Antwort:	Er erhielt das 21. Hexagramm, die fünfte Linie war bewegt.

- *Das 21. Hexagramm spricht von Reinigung, Reform, Korrektur.*

Darrell hatte seit fünf Jahren eine offensichtlich überaus zufriedenstellende Beziehung, als er eine andere Frau kennenlernte und sich leidenschaftlich in sie verliebte. Er hatte seiner Lebensgefährtin nichts davon erzählt und sie ein halbes Jahr lang belogen und betrogen.

- *Die fünfte Linie besagt, daß man in etwas sehr Gutes gebissen und einen Goldpreis gefunden hat. Damit muß man richtig umgehen, sonst vergiftet man sich daran.*

Darrells Bedürfnis, sich selbst zu verwirklichen und zu verändern, war so dringend gewesen, daß er seine Lebensgefährtin und beste Freundin betrogen hatte. Jetzt muß er in den sauren Apfel beißen und ihr sein Herz ausschütten, ihr alles erzählen und sein Gewissen erleichtern.

Dies ist unumgänglich, wenn eine Beziehung fortgesetzt oder eine neue aufgenommen werden soll. Darrell beichtete seiner Lebensgefährtin alles, sie konnte ihm den Betrug nicht verzeihen und warf ihn raus. Daraufhin nahm er seine nächste Beziehung auf.

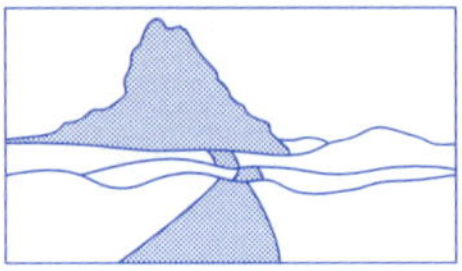

Berg

Feuer

Schönheit · Berühmtheit · Akzeptanz

Das Leben des Fests.
Anmut ist gesegnet.

Berg über dem Feuer. Das Feuer steht für den Wunsch, an etwas teilzuhaben, der Berg für Stabilität, Gefestigtsein.

Das Bild beschreibt einen Bräutigam, der seine zukünftige Braut kennenlernen soll. Er sieht sehr gut aus, und obgleich er nur mit kleinen Geschenken kommt, wird sein Antrag angenommen.

Machen Sie das Beste aus dem, was Sie haben und dem, was Sie sind. Wenn wir in anderen das Beste suchen, werden wir es auch finden.

Sechste Linie

In schlichtes Weiß gekleidet. Manches läßt sich am besten einfach und schlicht darstellen. Üppige Verzierungen verbergen das Wesen der Dinge. Schönheit ist Wahrheit, Wahrheit ist Schönheit.

Fünfte Linie

Zwar ist das Seidenbündel klein, doch bedruckt mit Gartenszenen. Bescheidene Geschenke, in der richtigen Absicht gemacht, sind wunderschön und werden immer gern genommen.

Vierte Linie

Auf einem weißen Pferd angehalten; er kommt nicht als Räuber, sondern als Freier. Wenn Sie sich in einer neuen Situation unwohl fühlen, sollten Sie Ihre friedlichen Absichten deutlich machen, dann wird man Sie akzeptieren und Ihnen auch vertrauen.

Dritte Linie

Tau glitzert auf den Verzierungen. Stellen Sie sich den Schwierigkeiten, wenn Sie etwas verändern wollen. Wenn Sie gut aussehen und sich auch so fühlen, werden sich andere auch zu Ihnen hingezogen fühlen.

Zweite Linie

Den Bart stutzen. Verbessern Sie Ihre Lage, indem Sie die richtigen Handlungen anderer nachahmen. Passen Sie sich dem Verhalten anderer an, dann passen Sie auch zu ihnen. Hüten Sie sich jedoch vor Eitelkeit.

Erste Linie

Mit geschmückten Füßen verläßt er den Wagen und geht. Zeigen Sie sich ruhig so, wie Sie wirklich sind. Es ist an der Zeit, daß Sie auf eigenen Füßen stehen. Einfache Leute gehen lieber zu Fuß.

Auf eigenen Füßen stehen Mollies spirituelles Leben war an einem schrecklichen Tiefpunkt angelangt. Ihre alten Glaubensinhalte kamen ihr plötzlich irreal und heuchlerisch vor. Sie hatte das Gefühl, in eine Sackgasse geraten zu sein, sie stand vor einer totalen Leere und konnte an nichts mehr glauben. Die Suche nach neuen Ideen oder Glaubensinhalten kam ihr vor wie das Stolpern in immer neue Fallen.

Frage: Mein spirituelles Leben fühlt sich leer an. Ich erbitte einen Rat.
Antwort: Mollie erhielt das 22. Hexagramm, die erste Linie war bewegt.

- *Das 22. Hexagramm gibt den Rat, die Dinge leichter zu nehmen.*

Es wird erzählt, daß Konfuzius sich sehr unbehaglich fühlte, als er dieses Hexagramm einmal erhielt, da es ihm sagte, daß er sich zu ernst nähme.

- *Die erste Linie besagt, daß man am ehesten an Dingen teilhat, wenn man sich selbst treu bleibt. Wenn alles zu verknöchert und formell geworden ist, sollte man seine alltäglichen Gewohnheiten und Erwartungen fallen lassen und sich nicht davor scheuen, alte Gleise zu verlassen.*

„Den Wagen verlassen“ bezieht sich auf herkömmliche spirituelle Systeme, die Lehren aus der Vergangenheit, die Ansichten anderer Menschen. Wagen Sie sich auf eine Entdeckungsreise. Das ist zwar nicht leicht, aber manchmal notwendig. Krischnamurti sagte einmal: „Die Wahrheit ist ein Land ohne Wege“.

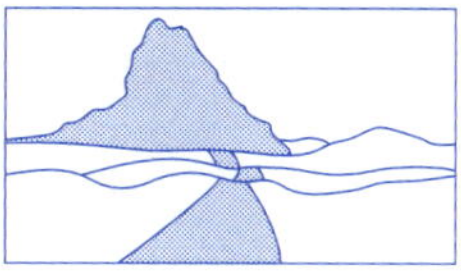

Berg

Erde

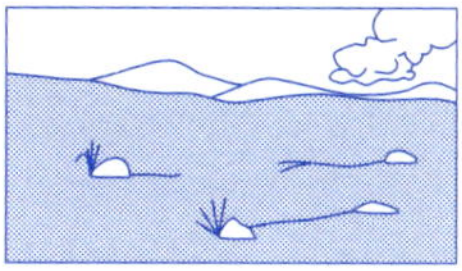

Absturz · Auflösung · Trennung

Den Boden unter den Füßen verlieren.
Zersplittern.

Berg über der Erde. Der Berg, der sich zu hoch über der Erde erhebt, steht kurz vor dem Einsturz. Der Alptraum, einen sicheren Zufluchtsort zerstört zu sehen.

Ein Mensch, auf einem Bett liegend, sieht erst das Bett, dann sich selbst zerhackt. Kein hübscher Anblick.

Eine stabile Situation stürzt zusammen und verschlechtert sich. Es ist alles seinen Gang gelaufen, der Zerreißpunkt ist gekommen.

Kein Weg, kein Ausweg. Erhalten Sie sich Ihren Großmut in diesen schwierigen Zeiten.

___ *Sechste Linie*

Eine große Frucht ist noch ungegessen. Dies ist der Anfang und das Ende. Diejenigen, die an der ewigen Wahrheit festhalten, werden überleben, diejenigen, die dem Oberflächlichen verhaftet sind, werden zerstört.

___ *Fünfte Linie*

Fisch an der Angel. Die Kontrolle über Ihr Geschick ist Ihnen entglitten. Fügen Sie sich, seien Sie ein guter Verlierer, dann werden Sie vom Schlimmsten verschont bleiben.

___ *Vierte Linie*

Die Matratze zerfetzt. Eine höchst unstabile Situation. Die geringste Abweichung wird Sie plötzlicher und unerwarteter Gefahr aussetzen. Ein großes Unheil steht bevor.

___ *Dritte Linie*

Zerschnitten, jedoch ohne Schuld. Jetzt ist es an der Zeit, sich von schlechter Gesellschaft zu lösen und mit wahren Freunden zusammenzutun. Treffen Sie Entscheidungen und urteilen Sie kritisch, was zu einer Trennung führen könnte.

___ *Zweite Linie*

Der Rahmen des Bettes ist zersplittert. Der Rahmen Ihres Lebens gerät ins Wanken. Diese Situation erfordert Beachtung und Reaktion. Die Menschen, auf die Sie sich verlassen, tun nicht ihre Pflicht.

___ *Erste Linie*

Die Beine des Bettes zersplittern. Der Anfang eines destabilisierenden Einflusses. Dinge, auf die Sie sich verlassen, geraten ins Wanken. Wo bleibt Ihr Gleichgewicht? Vielleicht müssen Sie sich auch bei sich oder bei anderen mit einem Mangel an Disziplin oder schwankenden Absichten auseinandersetzen.

Trennung Wir waren eine enge Dreiergemeinschaft (die berühmte ménage à trois aus unserer ersten Geschichte im ersten Hexagramm). Über ein Jahr lang hatten wir nun auf unserer Pilgerschaft im Fernen Osten Indien, Sri Lanka und Nepal bereist. Wir reisten in extrem primitive Gegenden unseres Planeten und waren den ganzen Tag lang jede Minute zusammen in Umständen, die unvorstellbar waren. „Vier Sterne"-Hotels gehörten zu einem anderen Universum. Innentoiletten waren der höchste Luxus auf dieser Reise.

Es wurde immer anstrengender. Unsere Geduldsfäden wurden immer dünner. Unsere Freundschaft begann zu zerbröckeln, wobei alle Betroffenen sich heftig dagegen wehrten.

Frage: Sollten wir unser gemeinsames Abenteuer bis zum nächsten sicheren Hafen fortsetzen?
Antwort: Das 23. Hexagramm, die sechste Linie davon bewegt.

- *Das 23. Hexagramm beschreibt eine Situtíon des Verfalls. Der letzte Hoffnungsschimmer scheint am Verlöschen zu sein, wie bei der Wintersonnenwende, dem kürzesten Tag des Jahres.*

Man brauchte keine besonders große Intuition zu haben, um die Zeichen richtig zu deuten: Unsere Freundschaft würde zerbrechen.

- *Die sechste Linie besagt, daß die größte Frucht noch nicht gegessen worden ist. Nachdem alles zersplittert ist, bleiben die Besten übrig. Es gibt nie eine völlige Zerstörung.*

Kurz nach dieser Orakelbefragung trennten sich unsere Wege. Unser Wegbegleiter zog sich in eine Höhle im Himalaya zurück, wir setzten unsere Reise fort. Unser nächster sicherer Hafen? Maui! Und das Leben ging weiter!

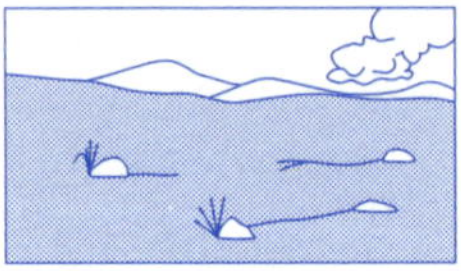

Erde

Donner

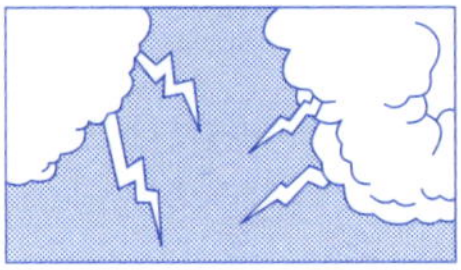

Rückkehr · Erneuerung · Wiedergeburt

Heimkehr.

Sichere Rückkehr, Besuch von Freunden.

Donner unter der Erde steht für die ersten Regungen der Frühlingskraft nach dem Winterschlaf. Zum Leben zurückkehren.

Ein Mensch kehrt nach einer Reise nach Hause zurück, oder aber er kommt nach einem Umweg wieder auf seinen eigentlichen Weg zurück.

Ein Neuanfang, eine Gelegenheit, noch einmal von vorne anzufangen.

___ *Sechste Linie*

Verfehlung der Wiederkehr. Sie haben das verkehrte Ende einer Sache erwischt. Zu wenig und zu spät. Es ist nur eine kurzlebige Affäre, eine kurze Begegnung. Ein kleines Hindernis, das Sie überwinden müssen, bevor Sie Ihre Bestimmung erreichen.

___ *Fünfte Linie*

Aufrichtige Wiederkehr. Wenn Sie Ihre Motive untersuchen, können Sie zum richtigen Pfad zurückkehren. Es nützt Ihnen jedoch nichts, an Fehlern aus der Vergangenheit festzuhalten.

___ *Vierte Linie*

Mit anderen aufbrechen, alleine zurückkehren. Trennen Sie sich von jemandem, der Sie in die Irre führt. Vielleicht müssen Sie dann alleine weiterreisen.

___ *Dritte Linie*

Mehrfache Wiederkehr. Die Situation läßt sich nicht umgehen. Sie werden mit dieser Lektion so lange konfrontiert, bis Sie sie gelernt haben. Beharrlichkeit ist das Mittel, mit dem diese Gefahren überwunden werden können.

___ *Zweite Linie*

Gute Wiederkehr. Sie werden Ihr Leben neu ordnen, indem Sie in Ihren Verbindungen jegliche Fehler berichtigen. Behandeln Sie Menschen, die von Ihnen abhängig sind, mit Aufrichtigkeit und Respekt. Hören Sie auf gute Ratschläge!

___ *Erste Linie*

Wiederkehr aus geringer Entfernung. Zu Ihrer ursprünglichen Absicht zurückzukehren ist einfach, da Sie nur einen kurzen Umweg gemacht haben. Fehler werden rasch erkannt und bald berichtigt. Sie haben dabei nichts verloren.

Eine mögliche Wiedergeburt? Viele Jahre lang unterhielten wir in England ein Heilzentrum, aber dieser Teil unseres Lebens schien sich seinem Ende zu nähern. Wir wollten weiterziehen – weg aus England, weg von diesem Lebensstil, hin zu neuen Horizonten. In dieser Zeit befreundeten wir uns mit einem begnadeten spirituellen Lehrer. Wir erhofften von ihm die Inspiration, die wir brauchten, um unser Zentrum weiterzuführen und einen neuen Sinn zu finden.

Frage: Wird dieser Lehrer für uns eine Erneuerung sein?
Antwort: Wir erhielten das 24. Hexagramm, die sechste Linie war bewegt.

- *Das 24. Hexagramm beschreibt eine Wiederkehr der Energie.*
- *Die sechste Linie besagt, daß man den Anschluß verpaßt hat.*

Der immense Prozeß der Veränderung hatte für uns bereits angefangen. Dies war zu wenig und kam zu spät. Unser Freund, Lama Ganga, starb ein Jahr, nachdem wir die Münzen geworfen hatten. Seine Zeit mit uns auf Erden war beschränkt gewesen, nun war es für uns an der Zeit weiterzuziehen. Es war eine tiefgehende Erfahrung, aber für uns alle war bereits ein anderer Pfad vorgezeichnet. Wir empfanden es jedoch als großes Glück, mit diesem uns sehr lieb gewordenen Menschen befreundet gewesen zu sein, wie kurz auch immer diese Freundschaft letztlich war.

Himmel

Donner

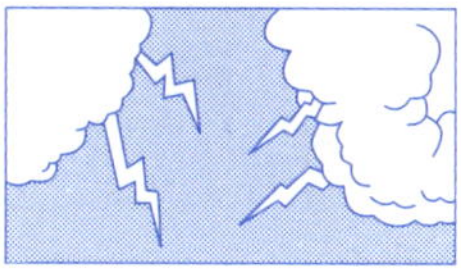

Unerwartet · Spontan · Offen

Natürlich handeln.
Nichts erwarten, so sein, wie man ist.

Donner am Himmel. Bewegung, vom Donner repräsentiert, zeigt sich unter dem inspirierenden Einfluß des Himmels.

„Das Natürliche" handelt spontan in Reaktion auf die Kräfte des Universums, und zwar echt und unverfälscht. Vollste Aufrichtigkeit, keinerlei Hintergedanken. Handeln, ohne eine Belohnung zu erwarten.

Die Chinesen pflegten zu sagen, daß ihr Handeln vom Willen des Himmels gebilligt war.

Ihr Urteil ist nicht von Erwartung oder Ehrgeiz getrübt. Seien Sie offen für Inspiration und unerwartetes Glück.

Sechste Linie

Reisen ohne Plan bringt Unglück. Die Zeit ist vorüber, in der Sie sich auf die Eingebung des Augenblicks verlassen konnten. Halten Sie inne und entwickeln Sie einen Plan.

Fünfte Linie

Gebrauche keine Arznei, wenn du nicht krank bist. Ein unerwartetes Pech wird von selbst verschwinden. Etwas dagegen zu unternehmen würde die Situation nur verschlechtern. Vielleicht belasten Sie sich mit fremden Problemen.

Vierte Linie

Beharrlich bleiben, dann kommt kein Schaden. Vielleicht fühlen Sie sich isoliert und hilflos. Es wird alles wieder in Ordnung kommen, wenn Sie sich auf Ihr eigenes Urteilsvermögen verlassen und dementsprechend handeln.

Dritte Linie

Der Reisende nimmt den Ochsen mit, sein Gewinn, des Bauern Verlust. Unerwartetes Glück oder Pech. Der Versuch, sich gegen einen Verlust abzusichern oder einen Gewinn zu garantieren, ist hier fruchtlos. Nehmen Sie die Dinge, wie sie kommen.

Zweite Linie

Ernten, ohne zu säen. Lassen Sie sich voll auf das ein, was momentan ansteht, ohne an die Ergebnisse zu denken. Nutzen Sie die Gelegenheiten, die sich Ihnen hier und jetzt bieten. Lassen Sie den Dingen ihren natürlichen Lauf.

Erste Linie

Voranschreiten, nichts erwarten. Wenn Ihre anfänglichen Absichten lauter sind, werden auch alle nachfolgenden Taten richtig sein. Handeln Sie ohne Erwartung oder Hoffnung auf Erfolg, dann ist Ihnen der Erfolg sicher.

Eine Polizeigeschichte Wir sind mit Maxwell befreundet, der keinen festen Wohnsitz hat und in seinem Campingbus lebt. Er hat viel mit den Leuten auf der Straße zu tun und mit so einigen anderen wohl auch. Für seine Post und Amtsangelegenheiten wollte er unsere Adresse benutzen, wofür genau fragten wir ihn nicht. Es war zwar ein zweifelhafter Gefallen, aber wir mögen Maxwell, also willigten wir ein.

Eines Tages rief uns die Polizei an und fragte nach Max. Den Grund dieser Nachfrage wollte man uns nicht näher erläutern. Dies brachte uns in eine Zwickmühle: Bleiben wir bei der Geschichte, daß er bei uns wohnt, oder verpfeifen wir ihn, oder sagen wir, daß er uns völlig unbekannt ist? Selbsterhaltung oder Loyalität einem zweifelhaften Freund gegenüber? Wir sagten die Wahrheit: daß er unsere Adresse zwar benutzte, jedoch nicht bei uns wohnte, und daß wir nicht wüßten, wo er sich momentan aufhielte.

Offenbar ruft allein schon der Kontakt zur Polizei Gefühle von Furcht und Schuld hervor. Wir fühlten uns verfolgt und nervös. Und wofür? Für nichts bis auf die Tatsache, daß wir einem wohnsitzlosen Freund unsere Adresse benutzen hatten lassen.

Frage: Was ist mit Max passiert, wie sind wir daran beteiligt?
Antwort: Das 25. Hexagramm, die fünfte Linie bewegt.

- *Das 25. Hexagramm rät, sich keine Sorgen zu machen und keine Erklärungen zu erfinden.*
- *Die fünfte Linie sagt uns, daß wir das Problem nicht selbst verschuldet haben und daß es sich von allein lösen wird. Wir sollten nicht versuchen, die Situation zu ändern.*

Die Situation bereinigte sich von selbst. Max tat, was auch immer getan werden mußte, und wir hatten nichts mehr damit zu tun. Wir mußten in keiner Weise selbst aktiv werden.

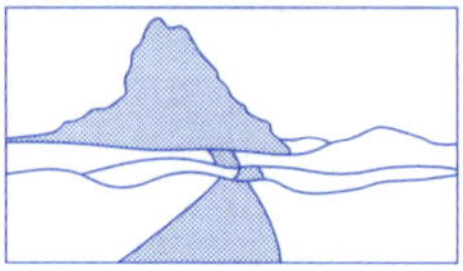

Berg

Himmel

Kontrolle · Zähmung · Die Zügel in die Hand nehmen

Den Bullen bei den Hörnern packen.
Essen, ohne zu säen; den Fluß überschreiten.

Berg über dem Himmel. Die Energie des Himmels wird von der Stabilität des Berges festgehalten und kontrolliert.

Dieses Hexagramm fordert dazu auf, mutig zu sein und die Kontrolle zu übernehmen.

Man hat mit kraftvollen Energien zu tun.

Man sollte Dinge in die Hand nehmen und sich um anstehende Aufgaben kümmern.

___ *Sechste Linie*

Den Himmelsweg erlangen. Die Ereignisse kulminieren und schlagen dann wieder um. Wenn Sie alles unter Ihre Kontrolle gebracht haben, werden Sie mühelos und mit Leichtigkeit handeln können.

___ *Fünfte Linie*

Einen kastrierten Eber festbinden. Sie können schädliche Taten in gute verwandeln, indem Sie die Quelle des Irrtums erkennen und sie korrigieren. Nicht der Einsatz roher Gewalt ist erfolgreich, sondern das Verstehen des eigentlichen Problems.

___ *Vierte Linie*

Die Hörner eines jungen Bullen bedecken. Berichtigen Sie Ihre schlechten Gewohnheiten, bevor diese Sie kontrollieren, und bemühen Sie sich um gute Gewohnheiten.

___ *Dritte Linie*

Sich täglich im Wagenfahren und in der Selbstverteidigung üben. Der Weg von Ihnen ist offen, Sie drängen voran. In Ihrem Eifer werden Sie vielleicht zu sorglos. Vervollkommnen Sie die Fähigkeiten, die Sie brauchen.

___ *Zweite Linie*

Die Achsenlager fallen vom Wagen. Als Sie vorwärts stürmten, ist das Gleichgewicht verlorengegangen, alles ist auseinandergefallen. Dies ist jedoch nicht Ihre Schuld. Richten Sie es, dann können Sie weiterfahren.

___ *Erste Linie*

Drohende Gefahr, abwarten. Sie sind noch nicht stark genug, um vorwärtszupreschen. Indem Sie zurücktreten, vermeiden Sie Ärger. Vielleicht gibt Ihnen ein starker Freund den Rat, Ihr Tempo zu verlangsamen, um Unheil zu vermeiden.

Das I Ging für jedermann Kurz vor der Fertigstellung dieses Buchs brauchten wir moralische Unterstützung. Wir dachten, daß wir kurz vor der Beendigung stünden, aber eigentlich dauerte es neun Monate bis zur „Geburt" der ersten Ausgabe. Die vorliegende ist schon die zweite. Wo soll das noch enden?

Frage: Wir brauchen einen Rat zu unserem Buch.
Antwort: Das 26. Hexagramm, die dritte Linie war bewegt.

- *Das 26. Hexagramm weist darauf hin, daß eine machtvolle Situation kontrolliert werden muß.*
- *Die dritte Linie besagt, daß man an einer Sache arbeiten muß, und zwar täglich, dann wird man auch erfolgreich sein.*

Die Orakelbefragung zeigte uns das Potential und den Wert unseres Projekts, aber auch die Notwendigkeit, uns ständig und unter großem Zeitaufwand darum zu kümmern. Im Rückblick gab uns diese Befragung den Anstoß, bis zur Vervollkommnung weiterzumachen.

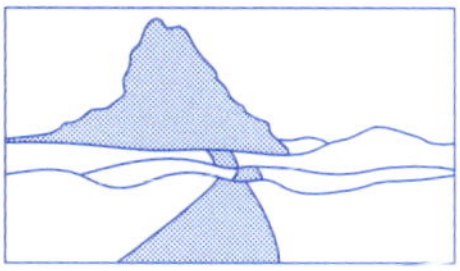

Berg

Donner

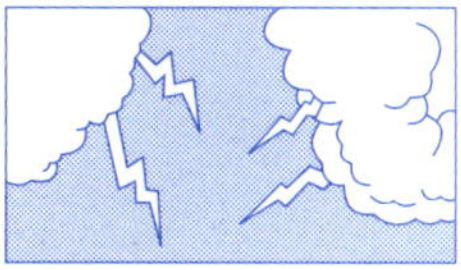

Verstärkung · Erfüllung · Ernährung

Man ist, was man ißt.

Wer anderen beim Essen zusieht, will auch etwas haben.

Berg über dem Donner. Der Berg steht für etwas Festes, wie die Nahrung. Der Donner steht für Aktion, wie beim Kauen und Verdauen.

Die Chinesen bezeichneten dieses Hexagramm als „Wangen" oder „Kiefer" und dann weiterführend als „Ernährung". Das obere Trigramm ist der festsitzende Oberkiefer, das untere der bewegliche Unterkiefer.

Die Vorstellung, daß man ist, was man ißt, bezieht sich auch auf die Gesellschaft, in der man sich befindet.

Man muß zwischen Bedürfnis und Gier unterscheiden, zwischen der Entwicklung seines Selbst und der Nachgiebigkeit gegenüber sich selbst.

Sechste Linie

Die Quelle der Ernährung zu sein ist sowohl gefährlich als auch ein Glücksfall. Sie sind die Quelle der Ernährung. Entweder füttern Sie andere mit Ihrer Weisheit, oder Sie sind das Opferlamm. Sobald die Aufgabe erfüllt ist, können Sie sich ungehindert zu neuen Zielen aufmachen.

Fünfte Linie

Vom gewohnten Pfad abweichen. Obgleich Sie das Kommando innehaben, sollten Sie die Einflüsse derer akzeptieren, die Sie bewundern. Vielleicht müssen Sie einen ungewöhnlichen aber nicht einschneidenden Schritt unternehmen.

Vierte Linie

Sich alles gönnen, der Tiger blickt vorbei. Jetzt können Sie sich Ihre Bedürfnisse und Wünsche erfüllen. Der Tiger weist auf die Intensität Ihrer Leidenschaft hin. Sie sind in der Lage, die Gefahren von Gier und Maßlosigkeit zu umgehen.

Dritte Linie

Ein Schlag ins Gesicht. Wenn man ungesunde Nahrung zu sich nimmt, wird man davon nicht satt, so daß man immer wieder essen muß. Geben Sie die schlechte Angewohnheit auf! Was könnte Ihnen dauerhafte Befriedigung bringen?

Zweite Linie

Wer ißt, bis ihm schlecht wird, bekommt einen Schlag auf den Rücken. Sie schaden sich mit Ihrer Gier. Wissen Sie nicht, wann es genug ist?

Erste Linie

Die Schildkrötensuppe mißachten, anderen beim Essen zusehen. Sie haben alles, was Sie brauchen, und blicken dennoch gierig und neidisch auf das, was andere haben. Vielleicht verachten Sie spirituelle Nahrung weltlicher Begierden zuliebe.

Erlaubnis zum Einkaufen

Dies war eine Jahresbefragung für Amy nach unserem Umzug nach Bisbee, Arizona, nachdem wir zwei Jahre auf Reisen gewesen waren. Wir hatten gerade ein hundert Jahre altes, ziemlich baufälliges Haus erworben, das wir lachend als unsere „Dauerbaustelle“ bezeichneten. Es mußte von Grund auf renoviert werden. Wir freuten uns darauf, all unsere Sachen an einem Ort zu verstauen und unseren Nestbautrieb zu befriedigen.

Frage: Wie lautet Amys Orakel für das Jahr 1988?
Antwort: Amy erhielt das 27. Hexagramm, die vierte Linie war bewegt.

- *Das 27. Hexagramm spricht davon, seine Wünsche zu befriedigen.*
- *Die vierte Linie besagt, daß man sich seinen Wünschen ruhig hingeben kann. Eine sehr seltene Linie!*

Endlich einmal ein Orakel, das wir vorbehaltlos annehmen können! Wie nett, welch großes Glück – die Erlaubnis zum Einkaufen! In diesem Jahr renovierten und dekorierten wir unser Haus und schufen uns eine dauerhafte Umgebung, lauter Dinge, die man nicht tun kann, wenn man ständig unterwegs ist.

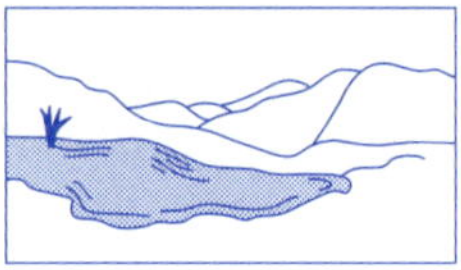

See

Baum

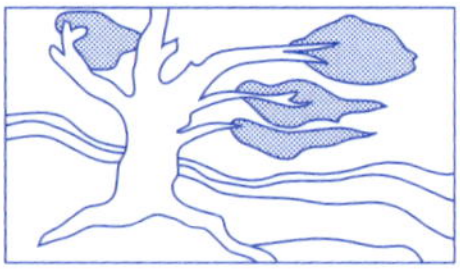

Druck · Spannung · Übergewicht

Genug davon!
Der Dachbalken gibt nach.

Der Baum befindet sich unter dem See. Er ist von den Wassermassen überschwemmt worden und ertrinkt.

Die vier Yang-Linien in der Mitte sind zu schwer, sie werden aus der Struktur ausbrechen.

Man stelle sich ein Gebäude vor, das so viele Räume, Möbel und Verzierungen hat, daß die Pfeiler und Balken, die es tragen, unter der Last nachgeben. Es kann jeden Moment einstürzen. Die Gesamtsituation ist zu belastend geworden. Die Energie weiterzumachen reicht nicht aus. Etwas muß von Grund auf verändert werden, dann kann man von neuem beginnen.

Man sollte sich von allen Lasten befreien und dann weiterziehen. Bereiten Sie sich darauf vor, allein zu sein!

Sechste Linie

Bis über dem Scheitel im Wasser. Sie haben sich in zu große Tiefen vorgewagt und sich dabei übernommen. Das vernünftige Maß zu überschreiten führt zur Katastrophe.

Fünfte Linie

Dürre Pappel treibt Blüten, alte Frau bekommt einen jungen Mann. Eine äußerliche Reparatur, die der grundlegenden Situation nicht gerecht wird. Vielleicht geben Sie sich mit etwas ab, das seine Blütezeit bereits hinter sich hat.

Vierte Linie

Der Dachbalken wird gestützt. Sie besitzen die Stärke und Unterstützung, um sich dem Druck zu stellen. Vielleicht haben Sie den schwierigen Übergang aus einer unangenehmen Situation geschafft. Belasten Sie sich nicht zusätzlich!

Dritte Linie

Der Dachbalken biegt sich, bis er bricht. Der Druck ist zu stark für Sie. Unheil. Sehen Sie sich nach Hilfe um.

Zweite Linie

Trockene Pappel treibt Wurzeln, alter Mann bekommt junge Frau. Eine ungewöhnliche, doch produktive Vereinigung von zwei Extremen; Stärke im Gleichgewicht mit Sanftheit. Erneuerung, ein Balanceakt.

Erste Linie

Unter die Opfergabe weißes Schilfgras breiten. Bereiten Sie sorgfältig einen weichen Platz vor, auf dem Sie eine schwere Last behutsam abstellen können. Wenn Sie mit starken Kräften zu tun haben, sollten Sie äußerst nachgiebig und zuvorkommend sein.

Den Druck annehmen Seitdem wir die Meditation entdeckt hatten, hegten wir beide den Wunschtraum, uns einmal von der Welt zurückzuziehen, uns auf Pilgerschaft zu begeben, Babas, Heilige, zu werden, wie die Hindus in Indien es tun.

Die Hindus glauben, daß sie, wenn ihre Kinder erwachsen sind, frei sind, sich von weltlichen Gütern und Affären loszusagen und nach spirituellen Wahrheiten zu suchen. In Indien werden Vollzeitheilige gemacht, nicht geboren. Sie ziehen einfach los und widmen sich ihren spirituellen Übungen, bis sie es geschafft haben – allerdings nur die Männer. Aus Frauen werden selten heilige Frauen. Im hinduistischen Pantheon gibt es zwar genügend weibliche Gottheiten, aber im wirklichen Leben kommen sie nur vereinzelt vor.

Wenn man allerdings hier im Westen seinen Rucksack packt, um sich auf Reisen zu begeben, und dabei um seinen Lebensunterhalt bettelt, wird dies mit Obdachlosigkeit, Würdelosigkeit und Vagabundentum gleichgesetzt. Hier gibt es kein Wort für Baba und auch keinen Platz für solche Menschen. Wir können uns nicht einfach aus dem Alltag zurückziehen.

Vier Jahre waren seit unserem Entschluß vergangen, uns einmal für längere Zeit zurückzuziehen. Wir bereisten die ganze Welt auf der Suche nach einem geeigneten Rückzugsort und fanden schließlich auch etwas Passendes, nur um die nächsten eineinhalb Jahre damit zu verbringen, diesen Ort bewohnbar zu machen. Hoffentlich war dies wenigstens ein mächtiges Ziel!

Als wir schließlich alles Notwendige beisammen hatten, fehlte uns plötzlich jegliche Neigung, die Art von Rückzug vorzunehmen, an die wir vor mehreren Jahren gedacht hatten. Statt dessen begannen wir, das vorliegende Buch zu verfassen, und machten unsere Meditationen zu einem Bestandteil unseres Alltags. Dennoch überlegten wir uns immer wieder, wie wohl der andere Pfad ausgesehen hätte. Wir richteten das Haus so her, daß wir uns darin zurückziehen hätten können, ohne es schließlich wirklich zu tun.

Frage: Wie steht es um unsere spirituellen Übungen?
Antwort: Das 28. Hexagramm, die vierte Linie war bewegt.

- *Das 28. Hexagramm spricht vom Umgang mit der Last der Verantwortung. Das Bild zeigt einen Dachbalken, der die schwere Last kaum mehr tragen kann. Man hat sich zu viel vorgenommen. Man sollte sich freimachen, mit weniger Gepäck weiterziehen, sich nicht zu sehr in etwas verbeißen.*
- *Die vierte Linie besagt, daß man fähig ist, die Last zu tragen. Offenbar besteht hier ein deutlicher Unterschied zwischen zwei Lebensweisen, der spirituellen und der weltlichen.*

Noch heute fällt es uns schwer, in unserem weltlichen Leben Raum für unsere Meditationspraktiken zu finden. Oft entkommen wir einfach unserer täglichen Routine und machen uns in die Natur auf.

Erst kürzlich mußten wir die Gelegenheit verstreichen lassen, mit dem heiligen Dalai Lama, der einen Vortrag über Mitleid und Geduld hielt, eine Zeit der Besinnung zu verbringen. Er war nur eine Stunde von unserem Wohnort entfernt – eine einmalige Chance. Statt dessen gab es eine Familienkrise; unsere kranken alten Eltern mußten mehrere Wochen gepflegt werden. Hätten wir sagen sollen, sie sollten sich selbst um sich kümmern, damit wir etwas über Mitleid und Geduld lernen könnten?

Die spirituelle Praxis ist das Leben, und das Leben ist die spirituelle Praxis.

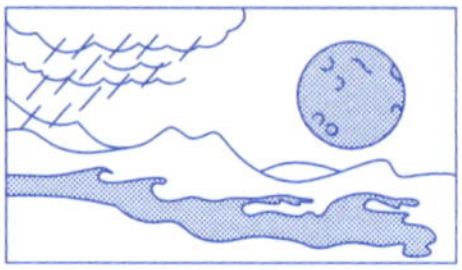

Wasser

Wasser

Abgrund · Krise · Absturz

Die dunkle Nacht der Seele.
Wer seinem Herzen vertraut, wird alles durchstehen.

Wasser über dem Wasser. Wasser steht dafür, daß man allein in gefährlichen Umständen dahintreibt. Doppeltes Wasser steht für doppelte Gefahr.

Das chinesische Zeichen für dieses Hexagramm versinnbildlicht einen Graben, eine Falle, ein Loch. Gefahr und Krise. Urchaos.

Im alten China wurden Gräben zu Gefängnissen umgebaut, in denen die Gefangenen lebendig begraben wurden. So viel zur guten alten Zeit.

Solange man unerschütterliches Vertrauen in seine tiefsten Instinkte für das Richtige bewahrt, wird man Erfolg haben.

___ *Sechste Linie*

In dornumwachsenen Kerkermauern gefesselt. Bei dem Versuch, einer Gefahr zu entkommen, ist man nur immer tiefer hineingeraten. Keine gute Situation, es gibt kein Entkommen, aber Sie werden es überleben.

___ *Fünfte Linie*

Die Erde reicht nicht, um den Abgrund zu füllen. Ihre Schwierigkeiten nehmen ein Ende, kurz bevor sie Sie völlig überwältigen und zerstören. Sie werden nicht begraben werden, auch wenn Sie kurz davor stehen.

___ *Vierte Linie*

Wein und Getreide werden am Seil heruntergelassen. In der Stunde der Not kommt Ihnen Hilfe zu. Am Ende wird Ihnen kein Schaden zugefügt. In Krisenzeiten sollten Sie mit Ihren Kräften haushalten. Eine kleine, ehrliche Geste reicht aus.

___ *Dritte Linie*

In ein Loch fallen, nichts tun. An Ihrem gefährlichen Zustand können Sie nichts ändern. Sie leben nun schon so lange mit der Gefahr, daß Sie sich daran gewöhnt haben.

___ *Zweite Linie*

Umgeben von Löchern, kleine Gewinne. Momentan sind Sie in Sicherheit, jedoch umringt von Gefahren. Versuchen Sie, Ihre Lage behutsam zu verbessern, indem Sie unüberwindliche Hindernisse umgehen.

___ *Erste Linie*

In ein Loch fallen, Unheil. Sie sind in einen gefährlichen Ort gestürzt, ein Loch im Graben. Vielleicht haben Sie Ihre Fähigkeiten überschätzt, weil Sie nicht mit den Gefahren vertraut waren, und daraus ergab sich eine sorglose Wiederholung von Fehlern.

Ziehen Sie nicht über „Los" – gehen Sie direkt ins Gefängnis

In den Achtzigern lebten wir in Hawaii in einem Meditationszentrum. Das Haupthaus konnte man nur über in den Berg gehauene Stufen und durch einen riesigen Guavenwald hindurch erreichen. Wer es den Berg hinauf zum Zentrum geschafft hatte, war an dem Punkt, an dem er sich sehr über den Willkommensgruß, eine Tasse grünen Tee und ein offenes Ohr freute. Jeder hatte eine Geschichte zu erzählen.

Zwei Tage vor Weihnachten machte sich Nick, ein Therapeut, zum Gipfel auf. Er war so medikamentensüchtig geworden, daß er, als sein Arzt sich weigerte, ihm weitere Medikamente zu verschreiben, die Rezepte fälschte. Er wurde erwischt, vor Gericht gestellt und für schuldig befunden, und stand nun kurz vor dem Antritt seiner Strafe.

Frage: Werde ich ins Gefängnis müssen?
Antwort: Nick erhielt das 29. Hexagramm, die sechste Linie war bewegt.

- *Das 29. Hexagramm bedeutet, daß man in Schwierigkeiten ist.*
- *Die sechste Linie weist auf eine Gefängnisstrafe hin. Die in der sechsten Linie erwähnten „Dornenhecken" wurden im alten China als Stacheldraht für Gefangene sowie für Vieh etc. verwendet.*

Nick mußte wohl unweigerlich für seine Taten büßen – er mußte ins Gefängnis. Das Strafmaß war kürzer, als er befürchtet hatte, und wir blieben die ganze Zeit mit ihm in Kontakt. Doch seine Zeit im Gefängnis änderte nichts an seiner Sucht, so daß der Wahnsinn noch kein Ende hat.

Feuer

Feuer

Pflege · Verläßlichkeit · Leuchten

Gegenseitige Unterstützung.
Viehzucht bringt Heil.

Feuer im Feuer. Das Feuer steht für unsere enge gegenseitige Verbindung und daraus resultierende Abhängigkeit.

Feuer braucht Treibstoff. Im Hexagramm wird der Treibstoff von den Yin-Linien, das Feuer von den Yang-Linien repräsentiert.

Um nach außen hin zu leuchten, muß man geistvoll und sprühend sein, das Feuer muß sich eng an die Quelle seiner Energie halten.

Pflanzen und Bäume brauchen die Sonne und die Erde. Was brauchen Sie, um stark zu sein? Wenn Sie wissen, was Sie brauchen, und es pflegen, werden Sie Ihre Leuchtkraft voll entfalten können.

Sechste Linie

Vorwärtsmarschieren und Feinde gefangennehmen. Dies ist Ihre Chance, die Quelle destruktiver Einflüsse ein für allemal zu beseitigen. Wenn Sie die Wurzeln des Übels erkannt haben, brauchen Sie sich nicht mit einer umfassenden Korrektur abzugeben.

Fünfte Linie

Weinen ist gut. Wenn Sie vergangene Fehler aufrichtig bedauern, wird klar, wie betroffen Sie sind. Sie werden Ihr Bestes tun, trotz Ihrer begrenzten Fähigkeit Hilfe zu leisten.

Vierte Linie

Flammen lodern auf, brennen, ersterben und sind bald wieder verschwunden. Ein vorübergehender Ausbruch der Begeisterung ohne eine langfristige Verpflichtung. Ein Strohfeuer. Vielleicht neigen Sie zu großer Sprunghaftigkeit.

Dritte Linie

Bei Sonnenuntergang die Trommeln schlagen oder bedauernd seufzen. Alles hat einmal ein Ende. Möglicherweise verlieren einige Dinge, auf die Sie sich bisher verlassen haben, nun für Sie ihre Bedeutung.

Zweite Linie

Goldener Schein, erhabenes Glück. Ihre Umgebung ist hilfreich und günstig. Sie gehen auf einem ausgewogenen Pfad, der keine Extreme aufweist. Sie sehen die Dinge klar und angemessen.

Erste Linie

Goldene Schuhe tragen. Sie betreten unbekannten Boden. Seien Sie einfühlsam und bereit, sich anzupassen. Vielleicht kommt es zu einer Begegnung mit einem bemerkenswerten Menschen.

Gegenseitige Unterstützung Eine bekannte spirituelle Lehrerin sollte nach Maui kommen, um ein Wochenendseminar abzuhalten – eines von vielen New-Age-Seminaren in diesem Monat. Nur weibliche Teilnehmer waren zugelassen.

Amy hatte widersprüchliche Empfindungen gegenüber Seminaren, in denen ein Geschlecht ausgeschlossen wurde. Was hat das Geschlecht mit Spiritualität zu tun? Andererseits kommt es selten genug vor, daß eine Frau ein Seminar leitet. Dies wollte sie also auf keinen Fall versäumen. Ein Dilemma?

Frage: Soll ich zu diesem Workshop gehen?
Antwort: Amy erhielt das 30. Hexagramm, die erste Linie war bewegt.

- *Das 30. Hexagramm ist eine hundertprozentige Bestätigung von Gruppenarbeit und Therapie.*

Keine Frage, die Teilnahme an diesem Seminar ist sinnvoll.

- *Die erste Linie besagt, daß man eine bemerkenswerte Person kennenlernen wird. Eine wertvolle Möglichkeit.*

Alle Teilnehmer an diesem Workshop waren bemerkenswert. Mit Hilfe von Amy und ihren Freundinnen umfaßte das Seminar schließlich außer dreizehn Frauen doch noch zwei Männer; diese Hürde wurde also mit Leichtigkeit genommen.

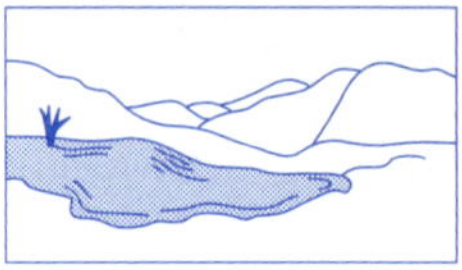

See

Berg

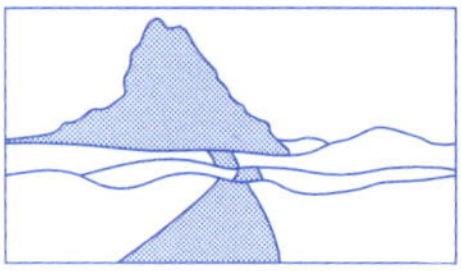

Einfluß · Einwirkung · Empfänglichkeit

Geben und Nehmen.
Es ist gut, zu heiraten.

Der See über dem Berg. Durch den Berg steigt die warme Luft nach oben, kühlt ab und bildet Wolken. Regen fällt aus den Wolken und nährt den See. Der See wiederum nährt mit seiner Feuchtigkeit den Berg, so daß Pflanzen und Bäume wachsen können.

Liebende sind sehr empfindsam gegenüber dem kleinsten Stimmungswechsel des anderen und verhalten sich dementsprechend. Jeder ist empfänglich für die Bedürfnisse des anderen.

Andere berühren und im Ausgleich dazu die Bereitschaft, sich von anderen berühren oder verändern zu lassen.

Mit Entschlossenheit und Durchsetzungskraft handeln, um seinen Einfluß spürbar und seinen Standpunkt klar zu machen.

___ *Sechste Linie*

Seinen Mund benutzen. Sie besitzen die Gabe, andere zu überzeugen. Setzen Sie sie zum Nutzen aller ein. Widerstehen Sie der Versuchung, anderen aus selbstsüchtigen Gründen zu schmeicheln.

___ *Fünfte Linie*

Ein Schmerz im Nacken. Beharren Sie auf Ihren Prinzipien. Lassen Sie sich nicht von anderen gängeln, selbst wenn dies das Ende einer Beziehung bedeutet. Ohne Bedauern sollten Sie entschlossen den Preis im Auge behalten.

___ *Vierte Linie*

Freunde reagieren auf die Sorgen. Sie stehen inmitten von Tumult und Verwirrung. Verlieren Sie nicht die wichtigen Dinge aus den Augen. Sie bekommen Hilfe von Freunden.

___ *Dritte Linie*

Einen Schritt machen, an den Fersen festgehalten werden. Sie wollen vorwärts, ohne genau zu wissen, was Sie damit beabsichtigen. Vielleicht werden Sie von äußeren Umständen zurückgehalten.

___ *Zweite Linie*

Rastlose Waden. Widerstehen Sie dem Impuls, nach vorne zu stürmen. Vielleicht haben Sie auch das Gefühl, in etwas hineingedrängt worden zu sein, bevor Sie wirklich dazu bereit waren. Gehen Sie ruhig, wenn man Sie auffordert.

___ *Erste Linie*

Mit den Zehen wackeln. Mit den Zehen wackeln, heißt, daß man den Aufbruch kaum erwarten kann und seine Aufmerksamkeit anderen Dingen zugewandt hat. Reagieren Sie in diesem frühen Stadium nicht zu voreilig. Vielleicht ist dies auch nur der Anfang großer Pläne.

Quasselstrippe Ein Bekannter stellte uns einer (nach ihren eigenen Aussagen) hochkarätigen New-Age-Prophetin vor, die sich mit Kristallen, dem kreativen Leiten von Energieströmen und ähnlichen gängigen esoterischen Praktiken auskannte. Sie erzählte uns, sie könne „ein paar Dinge für uns in Gang setzen", nach der guten alten Hollywood-Leier: „Ich kann dich zum Film bringen, meine Liebe. Ruhm und Glück werden dir beschieden sein." Sie rührte an etwas in uns, von dessen Vorhandensein wir bisher gar nichts geahnt hatten. Meint sie es wirklich ernst, oder nimmt sie uns auf den Arm? Zuviel Lob macht nachdenklich. Sind wir wirklich so phantastisch?

Frage: Wer ist dieser Mensch? Bitte einen Rat!
Antwort: Das 31. Hexagramm, die sechste Linie war bewegt.

- *Das 31. Hexagramm spricht von gegenseitiger Beeinflussung und der Reaktion darauf.*
- *Im alten Text erwähnt die sechste Linie den Wert sowie die Gefahr, seinen Mund einzusetzen. In diesem Fall wohl unzureichende Substanz hinter den Worten. Vorsicht!*

Kleiner Epilog: Aus ihren Angeboten uns gegenüber wurde nichts, aber inzwischen haben sich unsere freundschaftlichen Beziehungen verstärkt und wir wissen, daß ihre Absichten gut sind. Sie hatte nur einfach mehr versprochen, als sie halten konnte, ohne dabei betrügerische Absichten zu haben.

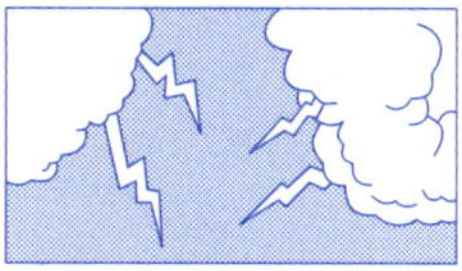

Donner

Baum

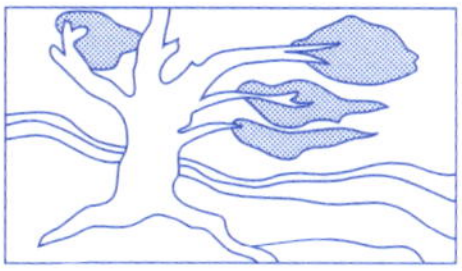

Zweckvoll · Dauerhaft · Beharrlich

Dinge durchstehen.
Aus Beharrlichkeit kommt Heil, den Kurs beibehalten.

Donner über dem Baum. Der Baum oder auch Wind ist von sanfter, anhaltender Beständigkeit. Donner ist Aktion. Gemeinsam stehen sie für die Idee der Dauerhaftigkeit.

Dieses Hexagramm beschreibt eine Ehe, in der Flexibilität und Anpassungsfähigkeit erforderlich sind. Die Partner bewegen sich wie ein Paar auf der Tanzfläche.

Behalten Sie Ihr Ziel im Kopf, wenn Sie sich durch all die unvermeidlichen Hindernisse hindurchkämpfen. Sie werden Ihren Weg schon finden.

___ *Sechste Linie*

Dauerhafte Rastlosigkeit, Unheil. Das einzig Dauerhafte ist Ihre geistige Unruhe. Wenn Sie immer gehetzt und ungeduldig sind, bieten Sie viel Angriffsfläche. Kommen Sie innerlich zur Ruhe.

___ *Fünfte Linie*

Treuer Gehorsam, gut für Gefolgsleute, schlecht für Führer. Wenn Sie das Kommando haben, müssen Sie die Verantwortung annehmen, aggressiv und anpassungsfähig zu sein. Wenn nicht, sollten Sie den Entscheidungen der Führer loyal folgen. Auf welcher Seite stehen Sie?

___ *Vierte Linie*

Auf der Jagd nichts erreicht. Sie gehen etwas völlig falsch an. Vielleicht wollen Sie unbedingt weiter, aber zuerst müssen Sie wissen, was Sie wollen und wo Sie es bekommen können.

___ *Dritte Linie*

Nicht auf seinem Platz verharren. Wenn Sie Ihren derzeitigen Verpflichtungen nachkommen, wird man Ihnen vertrauen. Vielleicht versuchen Sie, an einen anderen Platz zu gelangen, weil Sie Unentschlossenheit und Unzufriedenheit quälen.

___ *Zweite Linie*

Reue schwindet. Indem Sie nicht mehr an der Vergangenheit hängen und jegliches Bedauern fallen lassen, können Sie sich ungehindert auf die Zukunft konzentrieren.

___ *Erste Linie*

Ungeduldig beharrlich sein wollen bringt Unheil. Sie sind entschlossen, sich langfristig auf etwas festzulegen, bevor Sie wissen, wohin dies führt. Handeln Sie in Übereinstimmung mit dem, was momentan ansteht.

Da sein Wieder einmal in Bisbee: Wir waren gerade mit der Renovierung unseres Tempels/Gästehauses fertig geworden. Nun wollten wir unseren Freunden die Pforten öffnen und mit unseren morgendlichen Meditationssitzungen anfangen.

Obgleich wir dies wirklich gern tun wollten, hatten wir auch unsere Zweifel. Würden wir überhaupt eine Reaktion bekommen? Sollten wir uns die Mühe geben? Sind wir bereit, uns dieser großen Verpflichtung zu stellen? Jeden Morgen da sein? Was bedeutet das für uns?

Frage: Morgenmeditationen – wie sieht es in der Zukunft damit aus?
Antwort: Wir erhielten das 32. Hexagramm, die fünfte Linie war bewegt.

- *Das 32. Hexagramm machte uns deutlich, daß diese Übungen nur eine Zukunft hatten, wenn wir diese Zukunft selbst gestalteten.*
- *Die fünfte Linie weist erneut auf die Idee der Beharrlichkeit und das Übernehmen von persönlicher Verantwortung hin.*

Unsere Reaktion bestand in einem kleinen Kompromiß: Anstatt jeden Morgen eine Meditationssitzung anzubieten, einigten wir uns auf dreimal die Woche. Diese Gepflogenheit behielten wir bei, selbst an den kalten Wintermorgen, an denen es nur ein bis zwei Leute den Berg zu uns hinauf schafften. Unsere Freunde bestätigten uns, daß ihnen unsere ständige Anwesenheit eine Quelle der Inspiration war, selbst wenn sie selbst nicht kommen konnten.

Himmel

Berg

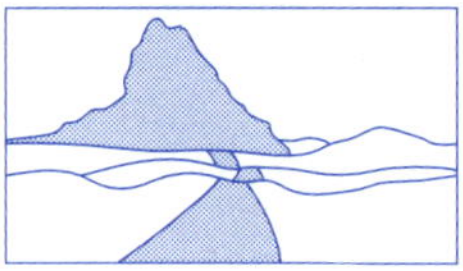

Rückzug · Zurücknahme · Zuflucht

An einem sicheren Zufluchtsort.
Kleines Schwein, bleib, wo du bist.

Himmel über dem Berg. Die Stärke des Himmels hat sich auf den Gipfel des Berges zurückgezogen, um sich auf die Entwicklung seiner Kraft zu konzentrieren. Abgeschiedenheit.

Verschiedene Aspekte, sich aus der Welt zurückzuziehen, freiwillig oder von den Umständen dazu gezwungen. Das kleine Schwein wird entweder in seinem Koben für das Festmahl gemästet oder es rennt um sein Leben.

Jetzt sollte man die Ablenkungen des gesellschaftlichen Lebens meiden. In Konflikt- oder Streßsituationen sollte man sich an einen sicheren Ort zurückziehen, an dem man seine Kräfte wieder sammeln kann.

Konzentrieren Sie sich auf das Anstehende!
Finden Sie heraus, wer Sie wirklich sind!

Sechste Linie

Kleines Schwein, fett und glücklich. Sie haben ihr Bestes getan, nun können Sie sich aus dem täglichen Kampf zurückziehen und in Ruhe regenerieren.

Fünfte Linie

Das kleine Schwein wird belohnt für seine Beharrlichkeit. Sie haben erreicht, was Sie sich vorgenommen haben. Nun sollten Sie aufhören, während Sie noch einen Vorsprung haben. Die Fähigkeit zu gehen, wenn das Fest vorbei ist, ist ausgezeichnet!

Vierte Linie

Nur ein großer Mensch kann ein kleines Schwein anbieten. Sich aus Verflechtungen zu lösen, um sich auf ein bestimmtes Ziel zu konzentrieren, ist nicht leicht. Setzen Sie sich voll dafür ein!

Dritte Linie

Das kleine Schwein ist gefesselt. Sie müssen sich aus einer Situation zurückziehen, die Sie für sicher gehalten haben, denn sie ist es nicht mehr. Kehren Sie zu Ihrem Heimatquartier zurück und konzentrieren Sie sich auf das Wichtigste.

Zweite Linie

Mit gelbem Ochsenleder festgehalten, das niemand lösen kann. Sie besitzen eine ruhige, beharrliche Entschlußkraft, ein unerschütterliches Vertrauen in ein großes Ideal oder einen Menschen, den Sie bewundern. Dieses Band hält, aber bindet nicht fest.

Erste Linie

Das kleine Schwein kehrt um. Ziehen Sie sich aus einer Gefahr zurück, sobald Sie sie erkennen. Sie sind nicht in der Lage, damit umzugehen. Bieten Sie anderen keine Angriffsfläche.

Die Stunden der Verzweiflung In den Anfängen unserer Beziehung planten wir – beide mit langjähriger Meditationspraxis – unseren ersten gemeinsamen Retreat. Wir wollten unsere rastlosen Gedanken zur Ruhe kommen lassen und aus dem Traum aufwachen. Hoch oben in den nebligen Bergen auf der Schlechtwetterseite von Maui gab es eine kleine Meditationshütte, völlig isoliert von der geschäftigen Welt unter uns.

Allein auf dem Gipfel des Berges. Eine der großen Prüfungen einer Beziehung stand uns bevor: Würden wir nach einer Woche, in der wir nur uns selbst hatten, noch miteinander reden?

Frage: Was wird uns geraten, bevor wir uns in die Abgeschiedenheit zurückziehen?
Antwort: Das 33. Hexagramm, die vierte Linie war bewegt.

- *Das 33. Hexagramm hat mit Rückzug zu tun, also eine perfekte Antwort auf unsere Frage.*
- *Die vierte Linie weist darauf hin, daß man in einer Situation steckt, der man vielleicht nicht gewachsen ist.*

Dies war tatsächlich der Fall. Wir hatten uns für unsere Fastenwoche viel vorgenommen: Um sämtliche Ablenkungen zu vermeiden, wollten wir auf Essen, Reden, Sex und Parfüm sowie Schmuck verzichten. Abgesehen von der reinen Gegenwart des anderen, die unterstützend wirken sollte, wollten wir keinerlei gegenseitige Verpflichtungen eingehen. Doch im Verlauf eines einzigen Tages brachen wir unsere sämtlichen Vereinbarungen, eine nach der anderen.

Wir waren zwar sehr motiviert, aber die Aufgabe war zu groß. Wir hatten uns zu viel vorgenommen, so daß wir das Gefühl hatten, leere Gesten zu tätigen, ohne wirklich innerlich daran beteiligt zu sein. Bei genauerer Beachtung des Orakels hätten wir uns nie auf die ganze Sache eingelassen, um dann so kläglich zu scheitern. Oder vielleicht doch? Es liegt in der menschlichen Natur, die Zeichen immer wieder zu verkennen oder sich einfach zu weigern, sie zu erkennen.

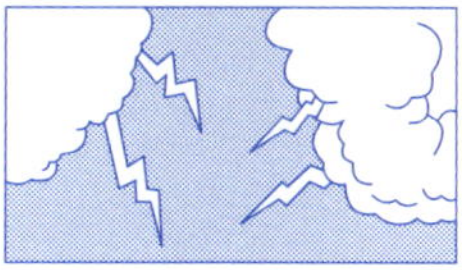

Donner

Himmel

Groß und stark · Gelegenheit · Ausbruch

Über die Mauer klettern.
Große Macht richtig eingesetzt.

Donner über dem Himmel. Die immense Kraft des Himmels tritt in die Aktion des Donners ein und befreit sich von ihren Fesseln.

Ein aggressiver Ziegenbock bricht aus seinem Gatter aus. Die vier Yang-Linien stellen den Körper des Ziegenbocks dar, die zwei Yin-Linien seine Hörner.

Als starke Person wissen Sie ganz genau, was Sie wollen. Sie durchbrechen Ihre Beschränkungen und rütteln die Dinge auf.

Man sollte sich sicher sein, daß man das Richtige tut.

___ *Sechste Linie*

Hörner bleiben im Zaun stecken. Rohe Gewalt ist nicht beliebt und wird nur dazu führen, daß Sie sich irgendwo verrennen. Ihr Ziel läßt sich eher durch Sanftmut erreichen.

___ *Fünfte Linie*

Den Ziegenbock freilassen. Wenn jemand ausbrechen will, sollten Sie ihn ohne Reue ziehen lassen. Lassen Sie anderen ihren Willen. Sie können auch einfach Ihre eigene Starrköpfigkeit aufgeben.

___ *Vierte Linie*

Der Ziegenbock attackiert den Zaun und kommt frei. Ihre Gelegenheit ist gekommen. Sie sind stark, und die Schranken sind schwach. Setzten Sie Ihre Kraft weise und kontrolliert ein!

___ *Dritte Linie*

Der Ziegenbock attackiert den Zaun und bleibt mit den Hörnern darin stecken. Mit Ihrem Einfluß zu powern bringt Ihnen nichts. Sie verstricken sich nur. Sie können Ihren Willen auch gewaltlos durchsetzen.

___ *Zweite Linie*

Treu und beharrlich. Selbst wenn Sie sich im Nachteil befinden, sollten Sie treu und beharrlich bleiben, dann können Sie sich vielleicht aus hinderlichen Umständen befreien. Nehmen Sie Hilfe von anderen an. Stärke im Gleichgewicht mit Selbstbeherrschung.

___ *Erste Linie*

Unruhige Füße, Weiterschreiten bringt Unheil. Ungeduldig, jedoch ungenügend vorbereitet, um ein neues Projekt anzugehen. Sie sind noch nicht stark genug, um den Ausbruch zur Freiheit zu wagen. Warten Sie den richtigen Zeitpunkt ab.

Loslassen Der Lebenspartner unserer Freundin Luanne hatte vor kurzem eine andere Frau kennengelernt und war offensichtlich an ihr interessiert. Luanne wollte wissen, ob ihre Beziehung daran zerbrechen würde.

Frage: Ist dies das Ende unserer Beziehung?
Antwort: Luanne erhielt das 34. Hexagramm, die vierte Linie war bewegt.

- *Das 34. Hexagramm schildert einen Ausbruch aus einer einschränkenden Situation.*
- *Die vierte Linie beschreibt einen Ziegenbock, der sich gewaltsam die Freiheit erkämpft.*

Offensichtlich sieht hier jemand seine Chance. Natürlich könnte sich diese Chance auch ihr bieten, aber da diesem Hexagramm auch Anklänge von Flucht anhaften, sieht es für die Zukunft ihrer Liebesbeziehung nicht allzu gut aus. Luannes Ängste, daß ihr Partner kurz davor stünde, sie zu verlassen, erwiesen sich als berechtigt.

Feuer

Erde

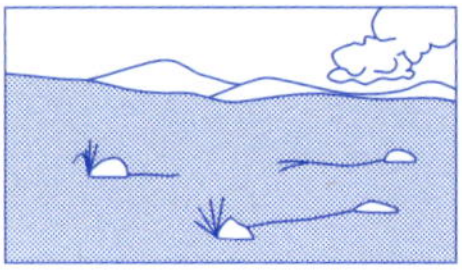

Erfolg · Gewinn · Beliebtheit

Der Sieger wird von allen geliebt.
An einem Tag dreimal vom König empfangen.

Sonne über der Erde. Triumph und Erfolg. Ein sonniger Tag.

Es wird erzählt, daß Fürst Kang von König Wu Gebiete und Pferde geschenkt bekam. Nur ein Günstling des Königs wird vom ihm dreimal an einem Tag empfangen.

Sie stehen ganz oben, sind der Favorit.
Machen Sie das Beste daraus.
Nichts ist von ewiger Dauer.

Sechste Linie

Wer eine Stadt einnehmen will, muß sein Schwert zücken. Manchmal ist aggressives Handeln notwendig, vor allem, wenn man zu lange gewartet hat. Haben Sie Ihr Ziel erreicht, sollten Sie wieder friedlichere Mittel einsetzen.

Fünfte Linie

Der Verlust wird wettgemacht. Auch wenn Sie das Ergebnis nicht klar sehen können, sollten Sie sich nicht um Verlust oder Gewinn Sorgen machen. Tun Sie das, was Sie innerlich für richtig halten, dann kommt auch der Erfolg.

Vierte Linie

Fortschritt wie ein Hamster, Gefahr. Nicht die rechte Zeit für größere Gewinne, die Ihnen eigentlich nicht zustehen. Handeln Sie offen und direkt oder gar nicht.

Dritte Linie

Alle sind einverstanden, keine Zweifel. Sie haben das Vertrauen der anderen verdient, Ihre Entscheidungen werden gebilligt. Sie sind flexibel und willensstark.

Zweite Linie

Hilfe von der Großmutter. Eifersüchtige Kollegen erschweren Ihren Fortschritt, was Sie traurig stimmt. Aber Ihre Fähigkeiten werden von einem verständigen Führer erkannt, von dem Sie Hilfe erhalten. Mit Geduld erreichen Sie Ihr angestrebtes Ziel.

Erste Linie

Vorschläge werden abgewiesen. Ihre Position ist nicht stark genug. Gewinne gehen einher mit Verlusten. Bleiben Sie beharrlich, Ihre Zeit wird kommen. Anfängliche Zurückweisung, späterer Erfolg.

Gewinne und Verluste Sri Lanka, 1982: Amy war nikotinsüchtig. Sie wollte mit dem Rauchen aufhören, doch es fiel ihr extrem schwer, sich von dieser Gewohnheit zu trennen.

Frage: Ich will mit dem Rauchen aufhören, schaffe es aber nicht. Werde ich diesen Kampf je gewinnen?
Antwort: Amy erhielt das 35. Hexagramm, die zweite Linie war bewegt.

- *Das 35. Hexagramm spricht von den Siegern.*
- *Die zweite Linie weist darauf hin, daß man es vielleicht nicht alleine schafft, Hilfe braucht.*

Die Hilfe war schon unterwegs. Erstaunlicherweise hatte ein von der American Cancer Society herausgegebenes Buch seinen Weg in den Nachttisch neben Amys Hotelbett gefunden. In diesem Buch wurde ein dreiwöchiger Plan empfohlen, mit dem suchterzeugende und mit Streß in Verbindung stehende Gewohnheiten von Körper und Geist abgebaut werden konnten. Es war wirklich ein Wunder.

Dieses Buch in einem abgelegenen Dorf in Sri Lanka war eine willkommene Synchronizität. Es war ein Schlüssel, um gewohnheitsmäßige Muster aufzulösen und die Sucht zu überwinden.

Erde

Feuer

Schaden · Ablehnung · Verwundung

Ein Licht in der Finsternis.
Beharrlich bleiben, auch in widrigen Umständen.

Das Feuer ist unter der Erde begraben. Kein günstiger Ort. Alles ist finster.

In China wird die Geschichte vom Prinzen Gi erzählt, der ins Gefängnis geworfen worden war, weil er das Verhalten seines unwürdigen Königs kritisiert hatte. Um zu überleben, mußte er Wahnsinn vortäuschen. Geht es uns nicht allen so?

Sie fühlen sich in Ihren Ansichten allein auf weiter Flur, von anderen angegriffen und unfähig, Ihre Meinung offen zu äußern. Schließlich zweifeln Sie sogar an sich selbst.

Auch in dem finstersten Loch sollte man an seinen Überzeugungen festhalten. Vielleicht sind sie alles, was man noch besitzt.

Sechste Linie

Erst stieg er zum Himmel empor, dann stürzte er auf die Erde hinunter. Ihre Motive sind zwar gut, aber vielleicht haben Sie sich zu viel vorgenommen. Auf den Boden der Tatsachen gestellt, können Sie vielleicht einen bescheideneren Weg zum Erfolg einschlagen.

Fünfte Linie

Ein Licht in der Finsternis. Sie haben sich auf die falschen Leute eingelassen. Weigern Sie sich, am Unrecht mitzuwirken. Lassen Sie Ihr inneres Licht leuchten und halten Sie sich im Hintergrund.

Vierte Linie

Zum Zentrum der Finsternis durchdringen. Sie sind sich einer schlechten Lage bewußt, weil Sie der Ursache nahe sind. Zum Glück lassen Sie sich nicht davon beeinflussen und entkommen deshalb unbeschadet. Sie entdecken geheime Pläne.

Dritte Linie

Den Rädelsführer gefangennehmen. Sie haben die Macht, Falsches aufzudecken und zu berichtigen. Aber es wird noch eine Weile dauern, bis alles wieder zur Normalität zurückgekehrt ist. Die Macht der Finsternis neigt sich ihrem Ende zu.

Zweite Linie

Am linken Bein verletzt, von einem starken Pferd gerettet. Sie können sich aus eigener Kraft vor einem Angriff schützen und in Sicherheit bringen. Verletzt, jedoch nicht behindert.

Erste Linie

Im Fluge beschädigt, drei Tage ohne Nahrung. Sie allein erkennen die Zeichen des Verfalls und ziehen sich aus den Schwierigkeiten zurück. Jene, die dies nicht erkennen, mögen Sie für sonderbar halten und Sie für Ihr Davonlaufen kritisieren.

Die geschlagene Ehefrau Als wir in England lebten, fingen wir mit unseren „Instant-Orakelbefragungen“ an. Gleich neben unserem Telefon lagen immer sechs Münzen in einem Gefäß bereit. Wenn ein Anrufer einen Rat haben wollte, schüttelten wir die sechs Münzen und ordneten sie dann in einer senkrechten Reihe an. Dies war der Anfang unserer Münzorakelmethode, die wir nun auch hier in diesem Buch benutzen.

In der nachstehenden Geschichte rief uns eine Frau an, deren Ehemann sie permanent mißhandelte, sowohl körperlich als auch psychisch. Dies hatte dazu geführt, daß sie sich beschämt und verrückt fühlte. Sie hatte keinerlei Selbstwertgefühl mehr und auch kein Gefühl für die Richtigkeit ihrer Meinung. Eine richtige Gehirnwäsche. Aufgrund der konstanten Mißhandlungen durch ihren Mann glaubte sie, daß sie diejenige sei, die krank wäre und Probleme hätte.

Frage: Bin ich diejenige, die verrückt ist, oder ist es mein Mann?
Antwort: Sie erhielt das 36. Hexagramm, die fünfte Linie war bewegt.

- *Das 36. Hexagramm spricht von sehr widrigen Umständen.*
- *Die fünfte Linie unterweist den Ratsuchenden, sein inneres Licht leuchten zu lassen, koste es, was es wolle.*

Als die Anruferin eine der Charakterisierungen dieses Hexagramms, „Verletzungen“, und die Geschichte vom Prinzen Gi hörte, der vorgeben mußte, verrückt zu sein, um zu überleben, brach sie in Tränen aus. Sie erkannte sofort die Richtigkeit ihrer eigenen Gefühle. Dies gab ihr den Mut zu überleben, ohne weiterhin an ihrem Wert zu zweifeln. Erst nach vielen Jahren konnte sie dieses verletzende Leben für einen neuen Anfang hinter sich lassen.

Eine Orakeldeutung ist ein Spiegel für die Frage. Vielleicht werden dabei einfach nur unsere Gefühle bezüglich einer bestimmten Situation bestätigt, und wir werden sanft in die richtige Richtung gelenkt. Bestenfalls wird eine Intuition bestärkt, so daß die Wahrheit erkannt werden kann, wo es vorher nur ein Meer von Zweifeln und Widersprüchen gegeben hatte.

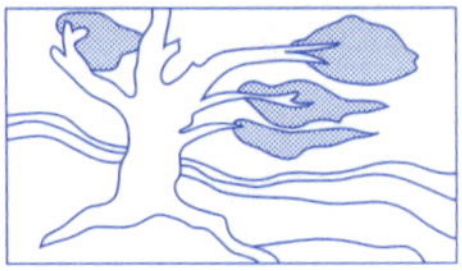

Baum

Feuer

Heim · Familie · Zugehörigkeit

Familienbande

Häusliche Eigenschaften sind von Vorteil.

Baum oder Wind über dem Feuer. Der Wind facht die Flammen an. Dies läßt an Heim und Herd denken.

Im Chinesischen heißt dieses Hexagramm auch „die Sippe", die Frauen, Kinder und Helfer des Haushalts.

In einer Familie arbeiten die einzelnen Mitglieder nicht für Geld oder für sich selbst. Sie leisten alle einen Beitrag zur Familie.

Man sollte sich in das soziale Gefüge eingliedern, das man unterstützt und von dem man selbst auch unterstützt wird.

Finden Sie Ihren Platz in der Ordnung der Dinge.
Wo gehören Sie hin?

Sechste Linie

Achtung verdienen. Vielleicht sind Sie allein. Seien Sie ernsthaft und gehen Sie mit gutem Beispiel voran, um Achtung zu verdienen. Verlassen Sie sich auf sich selbst, nicht auf andere.

Fünfte Linie

Der König ist im Schloß. Wenn die häuslichen Beziehungen harmonisch sind, haben Sie nichts zu befürchten oder zu verbergen. Familienmitglieder lieben und vergeben einander und schaffen damit ein sicheres und glückliches Leben.

Vierte Linie

Sie ist der Reichtum des Hauses. Auch wenn jemand nicht das Sagen hat, ist er oder sie dennoch in der Lage, den Wohlstand und das Glück der Familie zu vermehren.

Dritte Linie

Sich über Strenge ärgern ist besser als erniedrigende Frechheiten. Zu viel Disziplin in einer Gruppe mag zwar auf Ablehnung stoßen, aber ohne Disziplin stürzt alles ins Chaos. Vereinbarte Regeln, die immer wieder durchgesetzt werden, bewahren das Gleichgewicht.

Zweite Linie

Zu Hause bleiben, die Mahlzeiten bereiten. Bleiben Sie innerhalb Ihrer gesellschaftlichen Struktur. Dies ist nicht der rechte Zeitpunkt, um sich auf eigene Füße zu stellen. Momentan überlagern Ihre Pflichten Ihre persönlichen Wünsche.

Erste Linie

Zu Hause bleiben, die Türen verriegeln. Das Heim ist ein sicherer Ort, in dem man die Türen vor der feindlichen Welt verriegeln kann. Stellen Sie fest, wer zur Familie gehört und wer nicht. Wer ist drinnen, wer steht draußen?

Gehört er zur Familie? Annie und Steve waren gute alte Freunde, fast schon wie Familienmitglieder. Aber als sie zu Geschäftspartnern wurden und sich auch noch eine Wohnung teilten, führte die Nähe und der dadurch verusachte Streß dazu, daß ihre Freundschaft sich zunehmend verschlechterte und schließlich zerbrach. Annie war sehr aufgebracht und enttäuscht.

Frage: Gibt es einen Weg, diese Freundschaft zu retten?
Antwort: Annie erhielt das 37. Hexagramm, die erste Linie war bewegt.

- *Das 37. Hexagramm weist darauf hin, daß es um eine Familienangelegenheit geht.*

Gehört Steve zur Familie?

- *Die erste Linie rät, die Türen zu verriegeln. Es muß eine Entscheidung gefällt werden.*

Steht Steve auf Annies Seite oder nicht? Steht er auf Annies Seite im Leben, und damit auch auf ihrer Seite der Tür? Ist es ein Freund wert, in Ihrem Leben als Familienmitglied zu stehen?

Annie fühlte sich in Steves Anwesenheit unwohl und war erleichtert, als er ging. In ihrem Innersten beantwortete sich die Frage von selbst.

Feuer

See

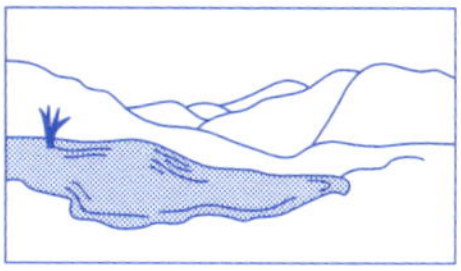

Einsamkeit · Der Fremde · Entfremdet

Einen unterschiedlichen Rhythmus hören.
Entfremdet, kann nur kleine Dinge tun.

Feuer über dem See. Diese beiden Elemente stehen im Widerspruch.

Das chinesische Zeichen für dieses Hexagramm bedeutet „zwinkern, starren, ungewöhnlich oder sonderbar sein" oder auch „Augen, die in verschiedene Richtungen blicken".

Wenn man sich in der Gesellschaft, in der man sich bewegt, unwohl fühlt, läßt man seine Blicke schweifen und hat das Gefühl, nicht dazuzugehören, vielleicht weil man meint, merkwürdig auszusehen oder sich mit den anderen nicht im Gleichklang zu befinden.

Aus einer entfremdeten Position heraus kann man nur kleine Dinge, Verbesserungen erreichen. Man sollte seine Besonderheit und Individualität wahren, ohne sich dabei zu sehr auf sich selbst zu konzentrieren und zum Widersacher zu werden.

___ *Sechste Linie*

Schmutzbedeckte Schweine. Die Vereinsamung und eine scheinbare Bedrohung lasten auf Ihnen. Spannung und Argwohn weichen Erleichterung, wenn Sie erkennen, daß Ihnen kein Schaden zugefügt werden soll.

___ *Fünfte Linie*

Sich im Tempel der Vorfahren zu einem Fest gesellen. Nehmen Sie die Einladung zur Teilnahme am Fest des Lebens an. Überwinden Sie die Schranken, die Sie von Ihren Freunden trennen.

___ *Vierte Linie*

Auf sich allein gestellt lernt man einen guten Freund kennen. Sie können Ihre Isolation und Einsamkeit überwinden. Finden Sie Gleichgesinnte, und seien Sie offen und ehrlich, dann wird sich auch Vertrauen einstellen.

___ *Dritte Linie*

Wagen und Ochse zum Stillstand gebracht, schlechter Anfang, gutes Ende. Sie werden vor einem Schritt gewarnt, der andere in Schwierigkeiten gebracht hat. Vielleicht sind Sie zeitweise von einem Partner getrennt.

___ *Zweite Linie*

Geheime Begegnung in einer engen Gasse. Die offiziellen Beziehungen zu jemandem können schwierig sein. Bei einem zufälligen Treffen sollten Sie die Gelegenheit nutzen, um die Verbindung zu vertiefen.

___ *Erste Linie*

Das Pferd kehrt von allein zurück. Integrieren Sie Ihren Widersacher in Ihre Umgebung und stellen Sie sich Ihren tiefsten Ängsten. Ihre Probleme werden ihren Lauf nehmen, Verluste werden wieder wettgemacht werden.

Der Erleuchtung nachrennen oder: Hallo, Dalai!

Wir waren auf einem Retreat in Schottland. Durch einen merkwürdigen Zufall erreichte uns der Brief eines alten Freundes, der sich damals in Bodh-Gaya, Buddhas Erleuchtungsort in Indien, aufhielt.

„Kommt doch!“ schrieb er. „Es ist eine einzigartige Gelegenheit, an dem Ort zu sitzen, an dem Buddha saß, als er erleuchtet wurde, und mit dem Dalai Lama an eben diesem Ort der Kraft zu sein.“ Die Initiation, die der Dalai Lama in Bodh-Gaya vornehmen würde, war ein wichtiges spirituelles Ereignis, an dem Hunderttausende von Menschen teilnehmen würden.

Wir befanden uns ja bereits auf einem Retreat, den ein großer Guru leitete, und waren uns nicht sicher, ob es besonders klug sei, Hals über Kopf nach Indien aufzubrechen.

Frage: Sollen wir zum Dalai Lama aufbrechen?
Antwort: Das 38. Hexagramm, die dritte Linie war bewegt.

- *Das 38. Hexagramm handelt davon, daß man eigene Wege gehen muß.*
- *Die dritte Linie beschreibt jemanden, der gewarnt wird, Schritte zu unternehmen, die andere in Schwierigkeiten gebracht haben.*

Wir wußten aus eigener Erfahrung, wie es in Indien sein würde – sehr schwierig. So beschlossen wir, nicht dorthin zu reisen. Viele Monate später erfuhren wir, daß fünfzig Leute zu Tode getrampelt worden waren bei dem Versuch, vom Dalai Lama gesegnet zu werden. Und hinter was liefen wir eigentlich her? Wir waren ja bereits mit einem großen Lehrer auf einem Retreat.

Wasser

Berg

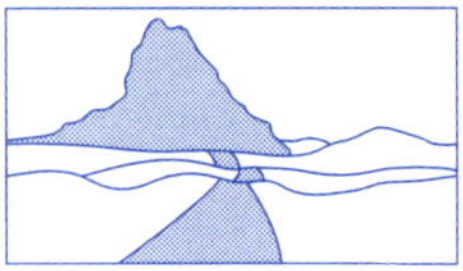

Engpaß · Barrieren · Hindernisse

Stolperschwelle

Günstig, um sich zurückzuziehen, nicht, um voranzuschreiten; man besuche einen weisen Mann!

Wasser über dem Berg. Der Fluß und die Bergkette sind große Barrieren, die sowohl schützen als auch hindern können.

Bei Gefahr innehalten. Etwas stellt sich in den Weg.

Wenn man stolpert, sollte man einhalten und sich auf eine sichere Position zurückziehen. Vielleicht sollte man überflüssiges Gepäck zurücklassen, um dann leichter voranzukommen.

In schweren Zeiten findet man heraus, wer man wirklich ist. Man braucht innere Stärke, um die Hindernisse zu überwinden. Halten Sie an und blicken Sie nach innen!

Sechste Linie

Blockiert, Rückkehr zur inneren Weisheit. Sie sind weise genug zu wissen, daß manche Hindernisse am besten beseitigt werden, wenn man innehält und an seinen eigenen Gedanken und Einstellungen arbeitet. Vielleicht können Sie anderen mit diesem Rat helfen.

Fünfte Linie

Von Freunden beim Fallen aufgefangen. Kurz vor dem Fall werden Sie von jemandem aufgefangen. In Notzeiten haben Sie Freunde.

Vierte Linie

Jetzt gehindert, mit Unterstützung weiter. Sie sind zu schwach, um jetzt voranzukommen. Halten Sie an und kommen Sie mit Unterstützung von anderen wieder zu Kräften, dann können Sie weiterschreiten.

Dritte Linie

Bewegung ist blockiert, zu Freunden zurückkehren. Beim Weiterschreiten stoßen Sie auf Hindernisse. Kehren Sie zu einer sicheren Basis zurück, an der Sie Freunde haben. Warten Sie auf Hilfe.

Zweite Linie

Der Diener stößt auf Hindernisse bei dem Auftrag, den er vom König erhalten hat. Sie müssen in eigener Verantwortung mit einem Problem fertigwerden, das Sie nicht selbst verursacht haben. Holen Sie sich Unterstützung, wenn Sie es nicht alleine schaffen.

Erste Linie

Gehen ist gehemmt, Zurückkehren findet Lob. Wenn Sie voran wollen, geraten Sie in Schwierigkeiten, weil Sie zu schwach sind und nicht genügend Hilfe haben. Man wird Sie bewundern, wenn Sie genügend Verstand haben, dort zu bleiben, wo Sie sind. Warten Sie auf einen günstigeren Zeitpunkt, um weiterzuschreiten.

Am Fluß warten Nachdem wir uns in Neu-Delhi von unserem Reisebegleiter getrennt hatten, fuhren wir nach Benares, Tausende von Meilen von Delhi entfernt. Unser Freund wollte uns in der kommenden Woche in Benares treffen. Da wir keine Ahnung hatten, wo wir übernachten würden, hatten wir ausgemacht, zehn Tage lang jeden Mittag auf den Haupttreppen zum Ganges auf ihn zu warten. Keiner von uns war je zuvor in dieser Stadt gewesen, aber wir hatten von den Haupttreppen gelesen und Bilder davon gesehen. Sie kamen uns als ein perfekter Treffpunkt vor.

Als wir an den Treppen ankamen, merkten wir, was für eine verrückte Idee dies gewesen war. Den ganzen Tag lang hielten sich Tausende von Menschen auf diesen Treppen auf, und es gab mehrere Treppen, die zum Fluß hinunterführten. Waren wir am rechten Ort? Wie sollten wir uns bei all diesen Leuten jemals treffen? Panik! Es kamen Zweifel auf, wie beim Warten auf ein verspätetes Flugzeug …

Frage: Noch kein Kontakt mit unserem Freund. Sollen wir warten oder nach Delhi zurückkehren und dort nach ihm suchen?

Antwort: Wir erhielten das 39. Hexagramm, die dritte Linie war bewegt.

- *Das 39. Hexagramm rät, bei Schwierigkeiten nicht vorwärts zu schreiten.*

Also lieber nicht nach Delhi, um dort nach unserem Freund zu suchen (dies wäre ohnehin keine besonders gute Lösung gewesen).

- *Die dritte Linie betont noch einmal das allgemeine Thema und besagt, daß man beim Weitergehen stürzen wird. Man tut besser daran, zu bleiben, wo man ist. Es wird Hilfe kommen.*

Dieser Rat kam uns sehr entgegen. Reisen in Indien ist nicht gerade einfach. Schon am nächsten Tag sahen wir Minuten nach unserer Ankunft an der hoffentlich richtigen Treppe unseren Freund aus der Menge herausragen.

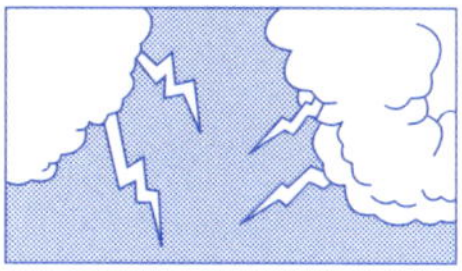

Donner

Wasser

Befreiung · Entkommen · Freiheit

Der Weg des geringsten Widerstands.
Freikommen und heimkehren.

Donner über dem Wasser. Aus den Gewitterwolken fällt Regen. Der Sturm bricht aus und befreit die Luft von der aufgestauten Spannung. Der Gefahr entkommen.

Noch Unerledigtes sollte rasch erledigt werden. Wenn alles erledigt ist, sollte man nach Hause zurückkehren.

Sich selbst und anderen vergeben, den Weg des geringsten Widerstands gehen.

Sechste Linie

Nach dem Habicht auf einer hohen Mauer schießen, ihn erlegen. Ein Unbeteiligter kann unparteiisch handeln, um ein hartnäckiges Problem zu lösen. Befreien Sie sich von dem letzten Hindernis, das Ihrer Freiheit im Weg steht.

Fünfte Linie

Sich befreien, andere anregen. Ihre Entschlossenheit und Ihr Verständnis haben Sie befreit. Widerstand gegen Ihre Vorstellungen schwindet. Zusammenarbeit mit anderen löst Negatives auf.

Vierte Linie

Seinen Daumen herausnehmen. Sie haben sich auf etwas eingelassen, aus dem Sie sich schnellstens zurückziehen sollten. Zum Glück können Sie leicht wieder davon Abstand nehmen. Abwarten könnte schädlich sein.

Dritte Linie

Auf einem Wagen Gepäck auf dem Dach tragen lädt zum Angriff ein. Voller Selbstüberschätzung haben Sie sich zu viel aufgeladen. Sie werden dafür angegriffen. Tun Sie nur das, was Sie auch wirklich tun können.

Zweite Linie

Drei Füchse erlegt, mit einem goldenen Pfeil belohnt. Die drei Füchse sind Gier, Haß und Ignoranz. Wenn Sie diese schlechten Eigenschaften beseitigen, werden Sie reich belohnt. Handeln Sie gleich, sorgfältig und konzentriert. Vielleicht bietet man Ihnen eine verantwortungsvolle Stellung an.

Erste Linie

Gleich das tun, was getan werden muß; kein Makel. Sie können etwas rechtzeitig korrigieren. Borgen Sie sich die Stärke und Weisheit dafür bei denjenigen, die darüber verfügen, indem Sie mit ihnen zusammenarbeiten.

Verzweifelt nach Perfektion streben Nach zehn Jahren geriet unsere Beziehung in eine tiefe Krise. Dies war zwar schon öfter vorgekommen, aber immer, wenn solche Gefühle in unserer Beziehung auftauchen, denken wir, das ist das Ende. Rod hatte einige persönliche Zweifel an seinem Leben und vielen seiner Werte. Wie schafft man es, seine eigenen Probleme zu bewältigen und gleichzeitig in einer engen, lebendigen Beziehung zu einem anderen zu stehen?

Frage: Ist es möglich, eine Beziehung aufrechtzuerhalten und gleichzeitig zu wissen, daß man mit sich selbst mehr als genug Probleme hat?
Antwort: Wir erhielten das 40. Hexagramm, die sechste Linie war bewegt.

- *Im 40. Hexagramm geht es darum, die Atmosphäre zu reinigen.*
- *Die sechste Linie weist darauf hin, daß es möglich ist, hohe Ideale zu erreichen. Man muß nur seine Ziele hoch ansetzen. Was bleibt einem anderes übrig? Nichts! Man macht sich seine Probleme und muß sie auch wieder selbst beseitigen.*

Wenn wir alle erst erleuchtet sein müßten, bevor wir eine Beziehung eingehen könnten, wäre dies ein sehr einsamer Planet!

Eine Beziehung ist kein statisches Bild von Perfektion, sondern eine Entwicklung zweier Menschen, die zusammenleben und sich lieben. Sie ist nicht immer perfekt und manchmal sogar weit davon entfernt. Woody Allen sagte in ANNIE HALL (dt.: DER STADTNEUROTIKER): „Eine Beziehung ist wie ein Hai, sie muß ständig in Bewegung sein, sonst stirbt sie. Und ich glaube, hier handelt es sich um einen toten Hai."

Wir sind beide froh, daß Rod sich diesen Rat zu Herzen genommen hat. Wir stecken uns noch immer hohe Ziele und freuen uns darüber. Keine toten Haie für uns!

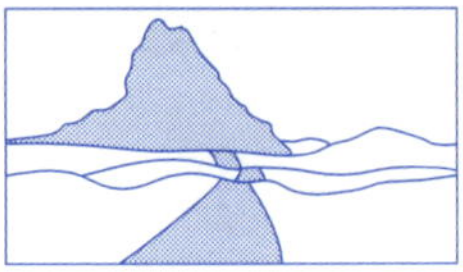

Berg

See

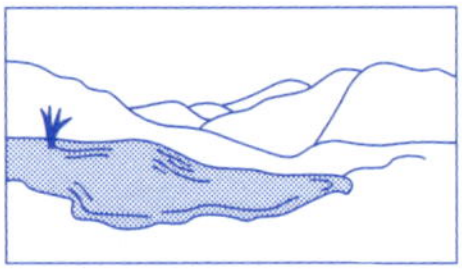

Loslassen · Reinigen · Die Einfachheit

Sich auf das Wesentliche konzentrieren.
Zwei Schalen Reis sind genug.

Berg über dem See. Der See steht für das freudige Sich-Ausdrücken, die Masse des Berges steht dagegen. Dies ist der Weg des Wachsens innerhalb der Einschränkung.

Wenn man sinnlose Aktivitäten und auch Beziehungen in seinem Leben beiseite läßt, erhöht sich dadurch die Zeit, die man für Wertvolles aufbringen kann.

Psychologisch gesehen heißt dies, daß weniger mehr sein kann. Beseitigen Sie den Müll aus Ihrem Leben, dann können Sie mit weniger Einsatz mehr erreichen.

Haushalten Sie sparsam – emotional und materiell gesehen. Jetzt ist nicht der rechte Zeitpunkt für Extravaganzen. Sich auch mit Kleinem zufrieden geben.

Sechste Linie

Keine Minderung mehr, sondern Wachstum. Sie haben Ihr Ziel erreicht, Ihr Leben zu vereinfachen. Jetzt können Sie sich wieder mehr auf Wachstum konzentrieren. Teilen Sie Ihr Glück.

Fünfte Linie

Ein Geschenk von vielen wertvollen Schildkrötenschalen kann man nicht ablehnen. Indem Sie Ihr Leben vereinfachten, haben Sie Raum geschaffen für eine wundervolle und unerwartete Möglichkeit. Sie gewinnen hier, ohne einen Gewinn anzustreben.

Vierte Linie

Die fieberhafte Eile mindern. Vermindern Sie den Streß und die Hast in Ihrem Leben, dann klappt alles wie von selbst. Freunde werden Sie unterstützen.

Dritte Linie

Einer gewinnt Unterstützung, drei bewegen sich wie ein einziger. Um effektiv zu sein, muß eine Gruppe zusammenarbeiten. Individuelle Bedürfnisse und Wünsche müssen daher zurückgestellt werden.

Zweite Linie

Voranschreiten, aber nicht wie im Krieg. Helfen Sie anderen, solange Sie nicht dadurch geschwächt werden. Handeln Sie verantwortungsbewußt, nicht starrköpfig, ohne auf eine höhere Position zu hoffen.

Erste Linie

Auch eine kleine Opfergabe wird angenommen. Leisten Sie die nötige Hilfe und verlassen Sie dann still den Ort. Bemühen Sie sich um Einfachheit. Wenn man sich anderer Leute zuliebe übernimmt, schadet man sich selbst und schafft Abhängigkeiten und Verpflichtungen.

Mit Krankheit umgehen

England, 1980: Amy hatte Gallensteine und litt unter schmerzhaften Anfällen. Die allopathischen Ärzte hatten vorgeschlagen, das Organ zu entfernen. Britische Ärzte entfernen Gallenblasen nicht, wenn sie es nicht für nötig halten. Wir mußten uns nun entscheiden, ob wir die Operation auf uns nehmen oder mit dem Zustand alleine fertig werden wollten.

Frage: Gibt es Alternativen zur Operation?
Antwort: Das 41. Hexagramm, die vierte Linie war bewegt.

- *Das 41. Hexagramm weist auf die Notwendigkeit hin, Dinge zu vereinfachen.*
- *Die vierte Linie rät uns, das fieberhafte Tempo unseres Lebensstils zu verlangsamen.*

Diese Orakelbefragung war sehr wichtig für uns. Jahrelang hatten wir uns mit alten östlichen und neuen westlichen Heilungsmethoden beschäftigt. Hier bot sich uns nun die Gelegenheit, sie tatsächlich in die Praxis umzusetzen.

Wir fingen damit an, daß wir alles langsamer angingen, mehr meditierten, unsere Eßgewohnheiten veränderten und mit Streß besser umgingen. Nun konnten wir andere Möglichkeiten, abgesehen von einer Operation, ausprobieren. Ein ganz persönlicher Testfall!

Die nächsten vier Jahre ging es Amy sehr gut, und die Gallenblase mußte nicht entfernt werden. Dann jedoch kehrten die Anfälle wieder und die Operation war nicht mehr zu umgehen. Manche Probleme finden oft selbst ihre Lösung, aber nicht immer dann und so, wie wir es erwarten.

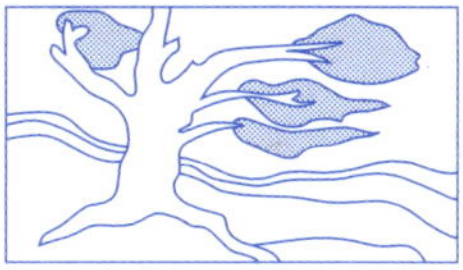

Baum

Donner

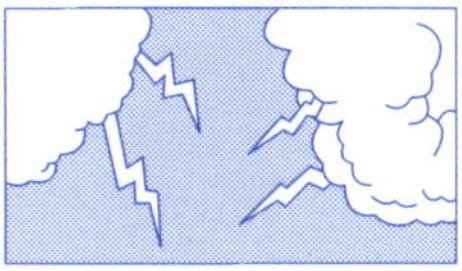

Nutzen · Wachstum · Ausdehnung

Je mehr, desto besser.
Seine Pläne verwirklichen.

Donner unter dem Baum oder Wind. Donner steht für Aktion, Bewegung, der Baum oder Wind für die Macht, überall einzudringen, alles zu durchdringen.

Zusammen weisen sie auf einen Zustand der Mehrung und des Nutzens hin. Auf eine Zeit der Minderung folgt eine Zeit der Mehrung, das Pendel schlägt wieder in die andere Richtung aus.

Fügen Sie das hinzu, was Ihnen noch fehlt. Man sollte jedoch nicht sämtlichen Gelüsten nachgeben, sondern nur das hinzufügen, was einem auch wirklich nutzt.

Jetzt haben Sie die Energie, sich auf Dinge einzulassen, die Mut und Wagnis erfordern; Ihr Selbstvertrauen wird dadurch gestärkt werden.

___ *Sechste Linie*

Ständige Ausdehnung bietet Angriffsfläche. Wenn Sie jetzt noch weitergehen, setzen Sie sich Angriffen aus. Impulsive Gier hat Ihnen den Kopf verdreht. Kommen Sie zur Besinnung, dann können Sie anderen helfen.

___ *Fünfte Linie*

Ehrlichkeit ist die beste Politik. Tugend zahlt sich aus. Handeln Sie ohne Gewinnstreben. Sie haben das Glück, verläßliche Freunde und das Vertrauen anderer zu haben.

___ *Vierte Linie*

Die Autorität, um die Hauptstadt zu verlegen. Man kann sich bei wichtigen Aufgaben auf Sie verlassen. Nun können Sie sich auf die anderen verlassen. Wenden Sie sich an einflußreiche Menschen zur Unterstützung Ihres Anliegens.

___ *Dritte Linie*

Mehrung durch Unheil, die Autorität des Jadesiegels. Eine Zeit des Übergangs, in der Sie ein Unheil zu Ihrem Vorteil wenden können. Sie lernen aus Ihren Mißerfolgen. In harten Zeiten finden Sie Hilfe.

___ *Zweite Linie*

Ein Geschenk von vielen wertvollen Schildkrötenpanzern kann nicht abgelehnt werden. Seien Sie weiterhin selbstlos und hilfsbereit. Vielleicht bekommen Sie ein sehr wertvolles Geschenk. Nehmen Sie es dankbar an. Ein unerwartetes Geschenk ist ein Segen.

___ *Erste Linie*

Große Taten vollbringen. Am Anfang eines Projekts verfügt man über viel Kraft und feste Vorsätze. Alle Widerstände können gemeistert werden. Nutzen Sie diese Zeit, indem Sie voranschreiten. Nehmen Sie angebotene Ratschläge an.

Gesunde Entscheidung Unsere Freundin Rachel näherte sich ihrem vierzigsten Geburtstag und wollte ein Baby bekommen, hatte jedoch herausgefunden, daß sich in ihrem Uterus zwei große gutartige Tumore gebildet hatten. Auf ihrer Reise durch die allopathische Medizin wurde ihr von den ersten beiden sehr bekannten Ärzten mitgeteilt, daß sie sich einer Hysterektomie unterziehen müsse. Nicht gerade überraschend, aber auf keinen Fall das, was sie hören wollte.

Bei ihrem dritten Arztbesuch hatte sie mehr Glück. Sie geriet an eine Ärztin, die zu dem Versuch bereit war, den Uterus zu retten und die Tumore zu entfernen. Nicht schlecht, aber auf alle Fälle gefährlicher, als alles zu entfernen. Aber warum nicht? Träume können durchaus in Erfüllung gehen.

Frage: Wie wird die Operation verlaufen?
Antwort: Das 42. Hexagramm, die dritte Linie war bewegt.

- *Das 42. Hexagramm beschäftigt sich mit der Ausdehnung, dem Nutzen, der Mehrung. Etwas Gutes wird passieren. Ein Hexagramm, das Glück verspricht.*
- *Die dritte Linie besagt, daß Unheil sich in Nutzen verkehren wird. Letztlich wird man etwas gewinnen.*

Eine erfolgreiche Operation und auch Schwangerschaft ist durchaus möglich. Wie wir hörten, ist die Operation gut verlaufen. So weit ist also alles bestens gelaufen.

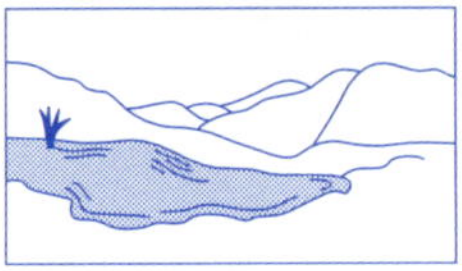

See

Himmel

Entschlossenheit · Erkenntnis · Durchbruch

Mut zur eigenen Überzeugung.
Die Sache am Hof des Königs bekanntmachen.

See über dem Himmel. Wolken am Himmel. Es wird gleich zu regnen beginnen. Etwas wird passieren.

Die Yin-Linie in der obersten Position hält die fünf Yang-Linien davon ab voranzuschreiten. Im persönlichen Bereich bleiben Zweifel oder Vorbehalte.

Ein einflußreicher Mensch kann gegen Sie sein. Dies erfordert Entschlossenheit. Jetzt ist es Zeit, Ihre Stellung offen darzulegen. Unterschiede werden deutlich gemacht, Grenzen gezogen, Standpunkte eingenommen.

Lösen Sie sich von negativen Einflüssen, vermeiden Sie jedoch gewaltsame Lösungen. Erklären Sie Ihre Absichten offen.

Sechste Linie

Ohne Warnung. Ohne Vorankündigung wird dem Bösem seine Macht genommen. Wenn Sie sich einer Sache schämen, berichtigen Sie sie jetzt. Es kommt alles ans Licht. Wappnen Sie sich vor unerwartetem Unheil.

Fünfte Linie

Mit Unkraut umgehen. Man darf sich nicht von schwachen Menschen oder negativen Ideen beeinflussen lassen. Man darf aber auch niemanden im Stich lassen. Tun Sie das Nötige und wahren Sie Ihr Gleichgewicht.

Vierte Linie

Sich wie ein Schaf führen lassen. Die weiße Fahne der Unterwerfung. Wenn Sie nicht bereit sind, sich führen zu lassen, wird Ihre Starrköpfigkeit Ihnen eine Niederlage einbringen. Sie sind nur frei zu folgen.

Dritte Linie

Auf die Wange geschlagen, naß im Regen. Es kann unangenehm sein, etwas richtigzustellen, aber Stolz, Beschämung oder Ungeduld sollten Sie nicht daran hindern, einen fairen Kompromiß zu treffen. Ansonsten gehen Sie Ihre eigenen Wege.

Zweite Linie

Nächtlicher Alarm, nichts zu befürchten. Gefahr droht, aber wenn Sie gewappnet sind, haben Sie nichts zu befürchten. Bei frühzeitiger Warnung kann man sich frühzeitig bewaffnen. Man sollte seine Kräfte sammeln.

Erste Linie

Vorwärtsstolpern. Ihr erster Schritt ist zu überstürzt. Sie können dabei auf die Nase fallen. Sie werden von starken, doch unberechenbaren Kräften angetrieben. Wachen Sie auf! Wenn Sie der Aufgabe nicht gewachsen sind, werden Sie sie nicht erfolgreich durchführen können.

Unreife Tomaten Einer unserer Bekannten wollte auf einer Insel von Hawaii Tomaten anbauen, etwas, womit er sich bislang noch nie seinen Lebensunterhalt verdient hatte. Zwar waren damals in Honolulu Tomaten tatsächlich knapp, doch wir ahnten, daß sein Projekt zum Scheitern verurteilt wäre. Weder er noch sein Partner bemühten sich besonders darum, ihre Ernte zu vermarkten, und unser Freund hatte eine ausgeprägte Abneigung dagegen, Tomaten zu kochen, da er glaubte, daß sie dadurch giftig würden. All dies ließ ein Bild von negativen Absichten und letztlichem Scheitern entstehen.

Frage: Wie wird es unserem Gärtner mit seinen Tomaten ergehen?
Antwort: Wir erhielten das 43. Hexagramm, die dritte Linie war bewegt.

- *Das 43. Hexagramm spricht von einem blinden Fleck im Denken und der Notwendigkeit des Durchbruchs. Ein fataler Fehler.*
- *Die dritte Linie spricht von Korrekturen und Kompromissen.*

Unser Freund war zu stolz, was ihn daran hinderte, die nötigen Veränderungen zu erkennen und vorzunehmen.

Die fatalen Fehler waren seine Unfähigkeit bzw. mangelnde Bereitschaft, andere Menschen richtig einzuschätzen, sowie seine oft festgestellte Abneigung gegen Geschäfte. Sein Partner verschwand an einem kritischen Punkt in dem Verteilungsprozeß, wobei er Hunderte von Tomatenkisten auf den Docks stehenließ, die dort verrotteten und nie zu den Kunden gebracht wurden.

Es braucht kaum erwähnt zu werden, daß er bei diesem Unternehmen keinen Gewinn machte. Er verließ Hawaii voller Bedauern, aber vielleicht auch ein bißchen klüger.

Himmel

Baum

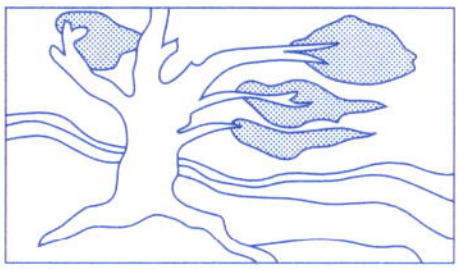

Das Eindringen · Entgegenkommen · Untergraben

Ein störender Einfluß.

Die Frau ist mächtig, heirate sie nicht!

Baum unter dem Himmel. Der Baum oder Wind hat die Eigenschaft, sich seiner Richtung ungewiß zu sein. Dies drängt sich als unerwarteter und störender Einfluß in die Energie des Himmels.

Dieses Hexagramm hat starke sexuelle Anklänge. Die einzelne Yin-Linie am unteren Teil des Hexagramms repräsentiert eine Frau, die fünf Männer (repräsentiert von den fünf Yang-Linien) verführt.

Unsere Interpretation geht über das sexistische Denken des alten China hinaus; wir denken an einen störenden Einfluß, der sich in den normalen Lauf der Dinge drängt.

Erwarten Sie das Unerwartete!

___ *Sechste Linie*

An den Hörnern verhakt, bedauerlich, doch nicht selbst verschuldet. Vielleicht müssen Sie bei einem aggressiven Gegner Gewalt anwenden. Danach sollten Sie wieder zu friedlichen Mitteln greifen.

___ *Fünfte Linie*

In Blätter eingewickelte Melone, als käme sie vom Himmel. Günstiger Zeitpunkt für ein kooperatives Projekt. Zu gegebener Zeit werden die Früchte Ihrer Mühen unerwartet, aber vollständig ausgezahlt werden.

___ *Vierte Linie*

Kein Fisch im Korb, Unglück. Wenn Sie sich von Ihren Mitmenschen absondern, wird man Ihnen nicht vertrauen. Sie laufen Gefahr, die Hilfe und Unterstützung von anderen zu verlieren.

___ *Dritte Linie*

Vor Schwäche schwankend. Schwäche hält Sie vielleicht davon ab, sich tiefer in Schwierigkeiten zu begeben. Wenn Sie sich unsicher sind, sollten Sie herausfinden, was Sie wirklich wollen, und es dann entschlossen angehen.

___ *Zweite Linie*

Ein Fisch ist noch übrig, diesen nicht weggeben! Sie sind nicht verpflichtet, alles wegzugeben, was Sie haben. Unternehmen Sie das Nötige, um Ihr Gut zu sichern. Sie haben alles in einem Korb, den Sie besser sorgfältig bewachen!

___ *Erste Linie*

Mit eiserner Bremse gestoppt. Sie fühlen sich gehemmt und frustriert. Vielleicht befürchten Sie, daß Sie völlig außer Rand und Band geraten, wenn Sie Ihre Fesseln zerreißen und freikommen. Finden Sie das Gleichgewicht zwischen Zurückhaltung und Überschwang.

An den Hörnern verhakt Wir hatten einen sehr unangenehmen Nachbarn, der monatelang versuchte, uns am Begehen der gemeinsamen Treppe zu hindern. Er hatte zu allen Mitteln gegriffen bis auf die rohe Gewalt: bellende Hunde am oberen Treppenabsatz, böse Blicke, üble Beschimpfungen. Wir versuchten, gute Miene zum bösen Spiel zu machen und um des lieben Friedens willen so höflich wie möglich zu bleiben. Aber dann wurde er auch noch gewalttätig.

Mit Geduld hatte sich die Lage nicht gebessert, sondern verschlechtert. Wir erwogen legale Schritte, die wir bislang noch nie unternommen hatten, denn fast immer hatte es ausgereicht, miteinander zu reden, um die kleinen Streitigkeiten im Leben beizulegen.

Frage: Was sollen wir nun tun?
Antwort: Das 44. Hexagramm, die sechste Linie war bewegt.

- *Das 44. Hexagramm beschäftigt sich mit ungebührlicher Aufdringlichkeit, mit störenden Einflüssen im normalen Tagesablauf.*
- *Die sechste Linie besagt, daß man sich einer Sache stellen muß. Ein Konflikt ist wahrscheinlich unvermeidbar. Die sechste Linie weist auch darauf hin, daß man sich selbst in eine unangenehme Lage gebracht hat.*

Selbst wenn wir nicht diejenigen waren, die verrückt wurden, so begegnete man uns doch mit verrückten Mitteln. Es war an der Zeit, etwas zu unternehmen.

Was sollten wir nun tun? Nachdem wir alle persönlichen Mittel, mit diesem Streit umzugehen, erschöpft hatten, blieb uns nur noch die Polizei und das Gericht, und dies funktionierte auch. Sobald wir beschlossen hatten, uns der Sache zu stellen, gab der Angreifer nach.

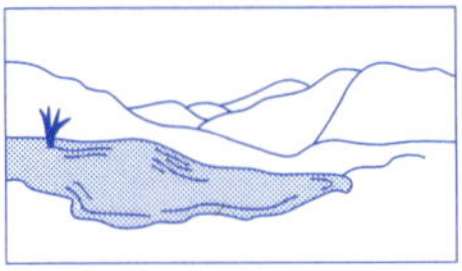

See

Erde

Sich dazugesellen · Versammeln · Integrieren

Den Klan versammeln.
Sich um den Schrein versammeln und Opfer bringen.

Der See ruht auf der Erde. Dort sammelt sich alles Wasser. Ein Platz der Ruhe und der Heilung.

Ein Prozeß der Genesung, wie bei einem Fieberanfall. Das Fieber, das oft für einen krankhaften Zustand gehalten wird, ist eigentlich ein Prozeß der Genesung für den Körper.

Im Chinesischen wird dieses Hexagramm mit dem Zeichen für dichten Baumbestand, heiliger Hain, Treffpunkt beschrieben.

Bündeln Sie verstreute Kräfte. Lassen Sie die Wurzeln Ihres Seins genesen und stark werden.

Sechste Linie

Klagen und Seufzen, jedoch unverschuldet. Ihre Stellung an der Spitze ist nicht mehr sicher. Dies ist jedoch nicht Ihre Schuld. Etwas mußte beendet werden, jetzt sollten Sie sich etwas anderem zuwenden.

Fünfte Linie

Sich um einen Führer versammeln oder eigene Wege gehen. Selbst wenn Sie in leitender Stellung sind, wird nicht jeder Ihnen automatisch folgen. Ihr Verhalten erweckt Vertrauen bei anderen. Trotzdem werden manche auch eigene Wege gehen wollen.

Vierte Linie

Großes Heil, kein Makel. Zwar handhaben Sie etwas nicht optimal, aber die Tatsache, daß sich alles zum Guten wendet, bewahrt Sie vor Kritik an Ihrer Vorgehensweise.

Dritte Linie

Herumsitzen und klagen. Sie fühlen sich abgelehnt. Ihr Wunsch nach Gesellschaft kann Sie zu sinnlosen Schritten verführen. Vielleicht ist es an der Zeit, wegzugehen und etwas Besseres zu finden.

Zweite Linie

Sich führen lassen, ein kleines Opfer anbieten. Eine aufrichtige Geste zeigt Ihre Bereitschaft, etwas von sich zu geben und Hilfe anzunehmen. Diese Bemühung wiegt Ihre Fehler auf.

Erste Linie

Man weiß nicht, ob man sich anschließen soll; keine Angst! Die ersten Versuche, selbst Entscheidungen zu fällen, sind oft wirr und unbeholfen. Anständige Menschen werden Sie nicht auslachen, wenn Sie um Hilfe bitten. Wenn Sie sich darüber im klaren sind, was Sie wollen, dann werden Sie es auch schaffen.

Familienkrise Während eines Besuchs bei uns erlitt Mutter einen Schlaganfall. Nun lag sie im städtischen Krankenhaus. Es würde eine immense Veränderung im Leben unserer Eltern bedeuten. Plötzlich ist Mutter behindert. Wird sie in eine Nachsorgeklinik müssen? Am fünften Tag nach dem Schlaganfall unserer lieben Mutter befragten wir das Orakel nach ihrer und Vaters Zukunft.

Frage: Wird sie hier sterben? Werden sie ihre Heimreise antreten können? Wenn und falls sie es nach Hause schaffen, werden sie sich dann alleine behelfen können?

Antwort: Wir erhielten das 45. Hexagramm, die fünfte Linie war bewegt.

■ *Das 45. Hexagramm spricht davon, den Clan zu versammeln.*

Wir erfuhren, was wir als nächstes zu tun hatten, und bekamen einen kleinen Einblick in die Zukunft.

Der erste Schritt bestand darin, die Familie zu versammeln. Wir haben noch einen Bruder, der ebenfalls hier sein sollte. Wir waren erschöpft und hatten Angst, brauchten also die Unterstützung eines weiteren Familienmitglieds. Die Krise diente als Anlaß, um alle zu versammeln und alte Meinungsverschiedenheiten zu beseitigen. Und was den Blick auf die Zukunft betraf: Mama und Papa überstanden diese jüngste Prüfung, konnten nach Hause fahren und ihren unabhängigen Lebensstil fortsetzen. Dad pflegt zu sagen: „Die Goldenen Jahre? Das soll wohl ein Scherz sein!“

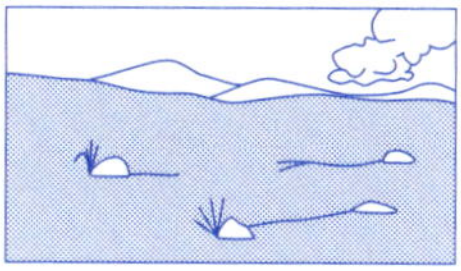

Erde

Baum

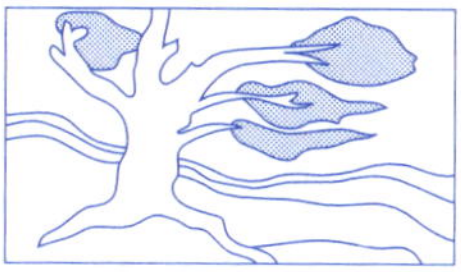

Emporsteigen · Wachstum · Aufstieg

Mobilität nach oben.
Keine Angst! Den weisen Mann sehen.

Baum unter der Erde. Der Baum drängt durch die Erde nach oben. Die Kraft drängt nach oben und nach außen.

Es ist keine plötzliche oder gewalttätige Bewegung; der Baum ist eine nachgiebige, doch durchdringende Kraft. Die Erde muß nur beiseite geschoben werden, damit der Baum zum Licht kommt.

Eine wie auch immer geartete Beförderung steht bevor. Fürchten Sie sich nicht davor, einen Schritt zu unternehmen oder bei einem einflußreichen Menschen vorzusprechen.

___ *Sechste Linie*

Im Dunkeln empordringen mit geschlossenen Augen. Seien Sie verborgenen Kräften gegenüber wachsam und passen Sie sich Ihrer neuen Umgebung an. Nicht auf halbem Weg den Mut verlieren.

___ *Fünfte Linie*

Die Leiter weiter emporklettern. Steigen Sie geduldig und beharrlich nach oben, Schritt für Schritt, ein Stadium nach dem anderen. Seien Sie dankbar für die erleuchtete Hilfe, die Ihnen zum Glück zuteil wird.

___ *Vierte Linie*

Den Berg mit Opfergeschenken erklimmen. Sie bewegen sich nach oben und haben an starken Kräften teil. Zwar stehen Sie nicht im Zentrum der Macht, haben aber daran teil. Ein geduldiger, allmählicher Fortschritt, als würden Sie einen Berg erklimmen.

___ *Dritte Linie*

Eine leere Stadt einnehmen. Etwas, das Ihnen sehr leicht zufällt, könnte von geringem Wert sein und bald wieder verloren gehen. Überprüfen Sie den wahren Wert, bevor Sie danach greifen.

___ *Zweite Linie*

Ein kleines Opfer, in aufrichtiger Gesinnung gespendet, ist gesegnet. Anhaltende, gleichbleibende Bemühungen sind erforderlich. Sie unterstützen jemanden durch Ihre Loyalität und Beharrlichkeit.

___ *Erste Linie*

Eine Beförderung erlangen. Glück beim ersten Stadium einer Beförderung aus einer niedrigen in eine höhere Position. Gehorsam und Einfühlungsvermögen gereichen zum Vorteil. Eine Zusammenkunft von Gleichgesinnten.

GESCHICHTEN, DIE DAS LEBEN SCHREIBT

Unbekannte Bereiche Wir wohnten in Palm Springs, einem Ort, der heilkräftiges Wasser mit Luxus und sämtlichen Annehmlichkeiten verbindet. Eine Spielwiese für reiche Konservative.

Da trat Bobby in unser Leben, ein faszinierender, unkonventioneller Mensch, selbst aus unserer Warte gesehen. Er definierte den Begriff Freiheit neu, indem er in voller Bekleidung in den Swimming Pool des Hilton sprang oder nur mit einem Lendenschurz bekleidet die Hauptstraße entlangspazierte und dabei wie eine Reinkarnation von Jesus aussah. Er konnte unsere Gedanken lesen und hatte den Mut, uns damit zu konfrontieren. Er war äußerst einfühlsam und gleichzeitig beängstigend und unberechenbar. War er ein Verrückter, der eigentlich Medikamente einnehmen sollte, ein Schamane, der all unsere Masken durchschaute, oder ein Gaukler, der nur nach Applaus suchte?

Er zwang uns dazu, alle unsere sicheren Annahmen zu hinterfragen, und stürzte uns in einen wundervollen Zustand der Verwirrung. Wir wurden uns unserer eigenen Beschränkungen und unseres Wunsches, davon loszukommen, bewußt. Es fiel uns sehr schwer, unser Gleichgewicht zu wahren.

Frage: Wer ist Bobby, und wie sollen wir auf ihn reagieren?
Antwort: Das 46. Hexagramm, die sechste Linie war bewegt.

- *Das 46. Hexagramm spricht davon, daß man furchtlos seine Möglichkeiten ausschöpfen und wachsen sollte.*
- *Die sechste Linie besagt, daß man sich in unbekannte Bereiche vorwagt, was immer mit einigen Gefahren einhergeht. Man weiß nie, wo man schließlich landet.*

In diesem Beispiel nur allzu wahr, aber wir wagten es trotzdem.

Man hat nicht immer einen genauen Reiseplan, wenn man sich auf eine Reise begibt. Wenn man ihn hat, fühlt man sich zwar wohler, aber wenn man sich auf Unbekanntes einläßt, winken immer große Abenteuer.

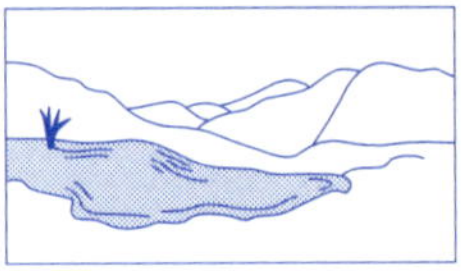

See

Wasser

Leer · Ausgebrannt · Erschöpft

Der Tank ist leer.
Was man sagt, wird nicht geglaubt.

Das Wasser befindet sich unterhalb des Sees. Es sollte eigentlich im See sein. Aber es ist ausgelaufen, der See ist trocken.

Das chinesische Bild zur Beschreibung dieses Hexagramms zeigt einen Baum in einer Schachtel. Er ist von Licht und Nahrung abgeschnitten. Das heißt, man ist ermattet, ermüdet, in Sorgen oder Schwierigkeiten.

Man steckt in einer Sackgasse. Es herrscht ein Gefühl von Aussichtslosigkeit und Isolation.

Dies bedeutet eine große Herausforderung. Wenn man an seinen innersten Überzeugungen festhält, wird man die Sache durchstehen.

___ *Sechste Linie*

Gefesselt von Ranken.
Erschöpft von der Erschöpfung. Die Falle ist selbst verursacht, sie besteht aus Ihren eigenen Zweifeln und Unsicherheiten. Ändern Sie Ihre Einstellung, überwinden Sie Ihre selbst auferlegten Beschränkungen!

___ *Fünfte Linie*

Beladen mit Verpflichtungen.
Bei mangelnder Zusammenarbeit und zu vielen Verpflichtungen sollten Sie versuchen, die Leute zu motivieren, dann werden sich die Umstände auch bessern.

___ *Vierte Linie*

In einem bronzenen Wagen entlangkriechen. Sie bekommen nicht die notwendige Unterstützung und können nicht tun, was Sie wirklich tun wollen. Nach und nach werden Sie wieder zu Kräften kommen.

___ *Dritte Linie*

Unter einem Felsen festsitzend, nach Dornen greifend. Vielleicht gibt es keinen Ausweg, oder Sie haben nicht genügend Kraft, um sich daraus zu befreien. Selbst daheim spendet Ihnen niemand Trost.

___ *Zweite Linie*

Erschöpft vom Essen und Trinken. Immer seinen Begierden nachzujagen ist ermüdend und unbefriedigend. Wenn Sie eine Veränderung wollen, ist Hilfe bereits unterwegs. Auf die Mühsal folgen bessere Zeiten.

___ *Erste Linie*

Mit Stöcken geschlagen und drei Jahre im Gefängnis sitzend. Ihr Wunsch weiterzukommen wird nicht erfüllt. Dies könnte eine wertvolle Lernerfahrung sein.

Verstrickungen Unsere liebe Freundin Katie besuchte uns in Amerika. Sie brauchte einen Ortswechsel und ein paar neue Perspektiven. Der Mann, mit dem sie zwanzig Jahre lang eine Beziehung gehabt hatte, hatte ihr diese Beziehung per Telefon aufgekündigt, eine letzte Beleidigung. Außer einer winzigen Wohnung war ihr kaum noch etwas zum Leben gelassen worden. Als sie bei uns zu Gast war, lernte sie jemanden kennen, der ihr als der „ziemlich Richtige“ vorkam, und sie fragte sich, ob sie ihren Aufenthalt verlängern sollte. Ihre Heimkehr erschien ihr wie eine Rückkehr in eine Sackgasse. Welche Richtung sollte ihr Leben nehmen?

Frage: Soll ich meinen Besuch verlängern?
Antwort: Katie erhielt das 47. Hexagramm, die sechste Linie war bewegt.

- *Das 47. Hexagramm weist auf eine starke Erschöpfung hin. Man ist schwer verletzt worden, saft- und kraftlos, ermattet und ausgebrannt.*
- *Die sechste Linie besagt, daß man zwar das Gefühl hat, in einer Falle zu sitzen, daß man jedoch auch wieder herauskommen kann. Mit Leichtigkeit.*

Anfangs verstanden wir diese Antwort nicht, da Katie nur zu gerne hiergeblieben wäre. Das war ja schließlich der Punkt: hierbleiben und sich auf eine neue Beziehung einlassen. Schließlich wurde uns allen klar, daß die Antwort sich auf das beziehen konnte, was sie in England hinter sich gelassen hatte, und nicht so sehr auf ihre momentane Lage.

Das I Ging beantwortete die Frage hinter der Frage. „Gefesselt von Ranken“ heißt ja, daß man sie leicht zerschlagen kann, leichter, als wenn man etwa mit Ketten gefesselt wäre.

Katie ergriff die Gelegenheit, um ihre Gefühle für ihren neuen Freund zu erforschen, und blieb noch weitere zwei Wochen. Dies war nicht die Antwort auf die Probleme in ihrem Leben, und sie kehrte in ihre Heimat zurück, um Unvollendetes zu beenden. Inzwischen hat sie sich nach Australien und zu neuen Anfängen aufgemacht.

Wasser

Baum

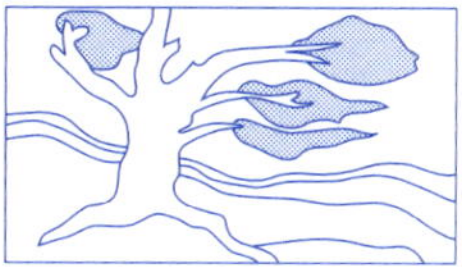

Quelle · Der Brunnen · Ressourcen

Vom Quell des Lebens trinken.
Man kann die Stadt verlegen, aber nicht den Brunnen.

Wasser über dem Baum. Der Baum steht für den hölzernen Eimer, der in den Brunnen hinuntergelassen wird. Er bringt für alle Trinkwasser nach oben.

Der Brunnen ist der Mittelpunkt des Dorfes und des allgemeinen Wohlergehens. Im alten China teilten sich acht Familien einen Brunnen; ihre Felder umgaben ihn wie die von der Nabe eines Rades abgehenden Speichen.

Das gemeinsame Teilen und der Schutz von gemeinsamen Ressourcen.

Wenn man von einer Quelle Nutzen haben möchte, muß sie leicht erreichbar und funktionsfähig sein.

___ *Sechste Linie*

Der Brunnen ist nicht bedeckt. Ihre Quelle ist für alle benutzbar. Vielleicht gehen Sie zu großzügig mit sich und Ihren Ressourcen um.

___ *Fünfte Linie*

Leute trinken aus dem Brunnen, aus dem reines Wasser fließt. Ihre Quelle ist sehr wertvoll. Lassen Sie sie von anderen nutzen und schätzen. Achten Sie auf gute Gesellschaft und seien Sie hilfsbereit!

___ *Vierte Linie*

Der Brunnen wird repariert. Der Brunnen hat kein Wasser, weil die Zuflüsse blockiert sind. Sie müssen Ihre Kommunikationswege und Quellen der Erneuerung reinhalten.

___ *Dritte Linie*

Der Brunnen ist sauber, aber niemand trinkt daraus. Talente werden nicht erkannt und dadurch vergeudet. Man sollte gute Gelegenheiten beim Schopf ergreifen und nutzen. Schätzen Sie das, was Sie angeboten bekommen!

___ *Zweite Linie*

Fische im Brunnen schießen, der Eimer hat ein Loch. Ihre Fähigkeiten werden mißbraucht. Sie verschwenden Ihre Talente an wertlose Projekte. Bündeln Sie Ihre Energien und streben Sie nach etwas, das es wert ist!

___ *Erste Linie*

Niemand trinkt aus einem schlammigen Brunnen. Ihre Gaben sind verunreinigt und nicht mehr nutzbar. Wenn die Dinge ihren Tiefpunkt erreicht haben, kann es nur noch aufwärts gehen.

Die heiligen Flüsse von Mutter Indien

Wir befanden uns in Benares, der ältesten und heiligsten Stadt Indiens am Ufer des Ganges. Dieses Zentrum der Macht und alten Weisheit faszinierte uns immens. Die Hindus glauben, daß man aus dem Rad des Leids erlöst ist, wenn man in Benares stirbt. Tagaus, tagein werden die Toten im Freien auf großen Scheiterhaufen verbrannt, wenn man sich das Holz dafür leisten kann. Wenn nicht, dann werden die Leichen einfach in den Ganges geworfen, wie auch Leichen von Tieren und von Kindern.

Diese ständig in das rauchige Licht der Totenverbrennungen getauchte Stadt macht es einem leicht, über das Wesen unserer flüchtigen Existenz zu meditieren. Wir hatten das Gefühl, einerseits für immer an diesem bemerkenswerten Ort leben zu können, andererseits am liebsten schon am nächsten Tag wieder aufzubrechen. Man schwankt hier ständig zwischen Ekstase und Horror.

Frage: Welche Beziehung haben wir zu diesem heiligen Ort?
Antwort: Das 48. Hexagramm, die fünfte Linie war bewegt.

- *Das 48. Hexagramm spricht davon, daß man vom Wasser des Lebens trinkt. Man bekommt Nahrung von diesem Ort und sollte ihn mit angemessenem Respekt betrachten.*
- *Die fünfte Linie erklärte uns, daß wir zur rechten Zeit am rechten Ort waren.*

Der Zauber eines Ortes wie Benares ist nur denen zugänglich, die dafür offen sind. Wir meditierten überall in der Stadt, im Sitzen und im Gehen. Wir ließen die Stadt zu uns sprechen. Wir machten auf den Dächern uralter Paläste unsere Tai-Chi-Übungen in der Gesellschaft der dort lebenden Affen und Papageien und liebten uns in heruntergekommenen Pensionen.

Wir waren zum Brunnen gekommen, um einen großen Schluck daraus zu trinken und zu sehen, wie jeder von uns auf dieses machtvolle Wasser reagierte. Es war ein tantrischer Ritus. Wir können nur noch einmal darauf hinweisen, daß ein Aufenthalt in Indien nichts mit Urlaub zu tun hat. Der Zimmerservice ist nebensächlich, wichtig sind die Begegnungen.

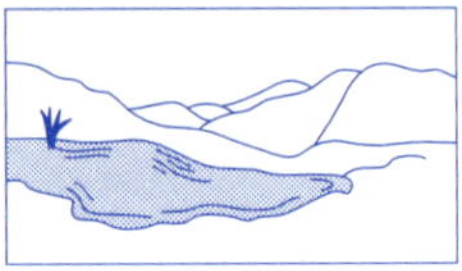

See

Feuer

Reform · Veränderung · Umwälzung

Hinweg mit dem Alten, Platz für das Neue.
Wenn sein Tag gekommen ist, wird man ihm Glauben schenken.

Feuer unter dem See, der auch für Metall steht. Das Feuer schmilzt das Metall, gibt ihm viele neue Formen für zahlreiche Zwecke.

Die Schlange, die ihre Haut abstreift, ist ein anschauliches Beispiel dafür, das Alte, Abgetragene abzuwerfen und Raum für das Neue zu schaffen. Eine Metamorphose, eine komplette Veränderung von Form und Substanz.

Bei einer tatsächlichen Veränderung müssen fünf Dinge beachtet werden:
ein wirkliches Bedürfnis,
der rechte Zeitpunkt,
die nötige Unterstützung,
selbstlose Motive,
das Vermeiden von Exzessen.

___ *Sechste Linie*

Die wunderbaren Flecken des Leoparden. Sie haben eine komplette, fundamentale Veränderung durchlaufen und sind nun bereit, Ihre Stellung zu festigen. Ihre Führerstärke und Weisheit wird beispielhaft sein.

___ *Fünfte Linie*

Die leuchtenden Streifen des Tigers. Sie haben außergewöhnliche Reformen unternommen. Sie brauchen keinerlei Bestätigung, um zu wissen, was Sie zu tun haben.

___ *Vierte Linie*

Vertrauensvoll die Regeln ändern. Es fällt Ihnen zu, nötige Reformen durchzuführen. Vertrauen Sie auf den Erfolg, auch wenn es manche Widerstände gibt.

___ *Dritte Linie*

Nur wenn Veränderungen dreimal durchgesprochen wurden, wird man ihnen vertrauen. Die Angelegenheit muß unbedingt besprochen werden, eine solide Unterstützung muß vorhanden sein, bevor Reformen durchgeführt werden können. Wenn Sie alles abgeklärt haben, werden Sie auch die nötige Zustimmung bekommen.

___ *Zweite Linie*

Der Tag der Veränderung ist gekommen. Der richtige Tag ist da, und Sie befinden sich am rechten Ort, um die Umwälzung zu fördern. Geben Sie anderen Bescheid, damit auch diese ihren Teil dazu beitragen können.

___ *Erste Linie*

Eingewickelt in das Fell einer gelben Kuh. Für radikale Veränderungen braucht man ausreichende Unterstützung und persönliche Stärke. Zuerst sollten Sie ein Gefühl der Sicherheit entwickeln, wie ein Baby, das sicher in seine Decke eingehüllt ist.

Im Westen ist's am besten Unsere Freunde Keith und Melissa lebten in Taos/New Mexico und dachten daran, nach Kalifornien umzuziehen. Sie waren schon zweimal dort gewesen und suchten nun mit Hilfe des I Ging eine weitere Perspektive.

Frage: Wie stehen unsere Aussichten auf einen Umzug nach Kalifornien?
Antwort: Das 49. Hexagramm, die dritte Linie war bewegt.

- *Das 49. Hexagramm spricht von den radikalen Veränderungen im Leben.*
- *Die dritte Linie gibt die Anweisung, etwas dreimal zu besprechen, bevor man die letzte Entscheidung trifft.*

Keith und Melissa setzten einen weiteren Abstecher nach Kalifornien diesen vorgeschlagenen drei Malen gleich und begaben sich ein drittes Mal nach Kalifornien.

Sich über alles im klaren sein, bevor man aufbricht – ein guter Rat vor jeder radikalen Veränderung.

Feuer

Baum

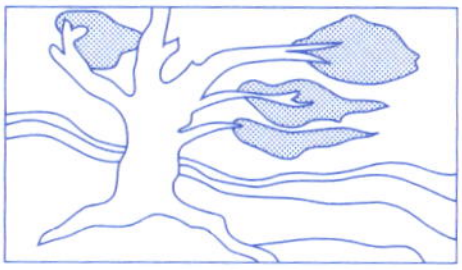

Ordnung · Struktur · Sicherheit

Die neue Ordnung.
Der Tiegel, Glück und Erfolg.

Feuer steigt aus dem Holz auf. Die Kontrolle und Nutzung des Feuers ist eine der großen Leistungen unserer Zivilisation.

Die Chinesen nennen dieses Hexagramm „Der Tiegel". Der Tiegel wurde bei staatlichen Opferzeremonien benutzt und symbolisierte damit den Staat und die Macht des Herrschers. Tiegel und Feuer verdeutlichen gemeinsam die Sicherheit eines auf dem Herd stehenden Kochtopfs.

Die Lebensenergien ständig erneuern und regulieren. Ordnung schaffen. Neue Handlungsweisen finden.

Sechste Linie

Der Tiegel hat einen Jadebügel. Alles, was Sie tun, gereicht Ihnen zum Vorteil. Sie bleiben fest, sind jedoch auch flexibel. In heißen Situationen bewahren Sie einen kühlen Kopf. Extremes Glück.

Fünfte Linie

Der Tiegel hat Bronzehenkel. Alles läuft seinen Gang. Sie sind offen für die Wahrheit. Alle arbeiten am Gelingen zusammen. Sie haben die Situation im Griff.

Vierte Linie

Die Beine des Tiegels brechen, das Essen wird verschüttet. Mangelnde Unterstützung und Sorglosigkeit haben zu einem Zusammenbruch geführt, ein Schaden wurde angerichtet. Vielleicht haben Sie sich zuviel vorgenommen und waren den Strapazen nicht gewachsen.

Dritte Linie

Die Henkel des Tiegels sind zu heiß, das Essen verbrennt. Sie haben sich durch Ihre Ungeduld etwas verdorben. Jetzt ist die Sache zu heiß, man kann sie nicht mehr anfassen. Wenn sie wieder abgekühlt ist, können Sie die Lage in Griff bekommen; dann wird sie sich wieder bessern.

Zweite Linie

Im Tiegel ist Nahrung. Das, an was Sie glauben, wird auch in Erfüllung gehen. Sie haben alles, was Sie brauchen, und sind daher unabhängig. Andere mögen Sie ob Ihres Glücks beneiden, können Ihnen jedoch nicht schaden.

Erste Linie

Der Tiegel kippt um; gute Gelegenheit, ihn zu säubern. Eine ungünstige Situation können Sie zu Ihrem Vorteil nutzen, indem Sie reinen Tisch machen. In ungewöhnlichen Umständen müssen Sie vielleicht improvisieren und mit dem vorlieb nehmen, was da ist.

Drucklegung 1980 lag eine frühere Version des vorliegenden Buchs – neunhundert größtenteils schwerverständliche Seiten – der Cheflektorin eines bekannten britischen Verlags vor. Wieder einmal eine dieser „großen Chancen" im Leben.

Frage: Welche Zukunft hat unser Buch?
Antwort: Das 50. Hexagramm, die sechste Linie war bewegt.

- *In diesem Fall steht das 50. Hexagramm wohl für den Wert der neuen Ideen, Konzepte und Visionen unseres Buches, einem ganzen System neuer Ideen.*
- *Die sechste Linie bedeutet, daß wir etwas zugänglicher machen müssen. Die Jadebügel des Tiegels funktionieren gut, sie werden nicht zu heiß und sind sehr praktisch.*

Dies war bei unserem damaligen Buch nicht der Fall. Es war unverständlich, ungenau und langatmig.

Die Lektorin erkannte zwar den eigentlichen Wert unserer Nachforschungen, schlug uns jedoch eine straffere, zusammenhängendere Fassung vor. Dank ihrer Ermutigung mußte unsere Vision nicht frühzeitig sterben.

Das Orakel sagte uns, daß der Mißerfolg einer Ablehnung nicht den Mißerfolg der eigentlichen Idee bedeutete. Geduld war nötig. Die sechste Linie wies uns darauf hin, daß wir unsere Ideen verständlicher machen mußten.

Wenn ein chinesischer Weiser ein Buch schreibt, dann steckt er das fertige Manuskript in eine Schublade und läßt es erst einmal dort liegen. Neun Jahre später zieht er es dann wieder heraus und liest es erneut, und wenn es ihm dann noch immer gefällt, ist es eine Veröffentlichung wert. Gut Ding will Weile haben!

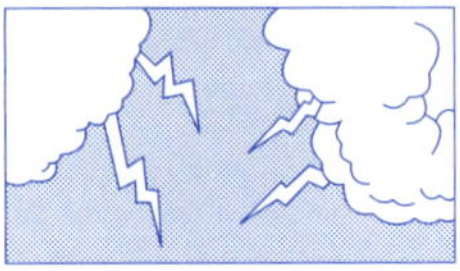

Donner

Donner

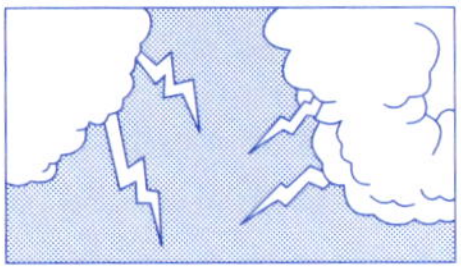

Schock · Überraschung · Erregung

Alles wird erschüttert.
Anhaltender Donner läßt alle erzittern, aber kein Tropfen geht verloren.

Donner über Donner. Wer einmal ein starkes Gewitter erlebt hat, weiß, was man dabei fühlt.

Ein greller Blitz in stockfinsterer Nacht. Der Schock, auf etwas Unerwartetes zu stoßen. Erst ein Schrecken, dann Erregung. Erst Entsetzen, dann Lachen.

Das Keimen eines Samens im Frühling.

Die Stimulierung der sexuellen Erregung.

Der feine Unterschied zwischen Furcht und Erregung. Die einen mögen Stürme, die anderen laufen davon. Wo liegt Ihre Erregungsschwelle?

Sechste Linie

Donner ebbt ab, erreicht den Nachbarn. Eine Situation, mit der Sie nicht zurechtgekommen sind, löst sich wieder auf. Die Gefahr war nicht gegen Sie gerichtet, sondern gegen andere in Ihrem Umfeld. Sie brauchen nicht einzugreifen. Lassen Sie den Sturm vorüberziehen.

Fünfte Linie

Überall Donner; wenn man darauf vorbereitet ist, gibt es keinen Verlust. Bleiben Sie trotz der Erschütterungen und Verwirrungen ruhig, dann werden Ihre Pläne nicht scheitern. Es gibt Dinge zu erledigen, die sehr gewinnbringend sind. Es hat alles seine Richtigkeit.

Vierte Linie

Donner; Sturz in den Schlamm. Die Erschütterung hat Sie gelähmt. Sie sind in die Knie gegangen und stecken nun im Schlamm fest, vielleicht auch inmitten eines Projekts. Ein Vorwärtskommen ist kaum möglich.

Dritte Linie

Lauter Donner bringt Erschütterung. Durch einen Schock kann man auch aufwachen und Dinge tun, die man glaubte, nicht tun zu können. Handeln Sie jetzt, und zwar geistesgegenwärtig!

Zweite Linie

Gefährlicher Donner; in die Hügel fliehen. Wie bei einer Flut- oder Erdbebenwarnung muß man sich aus dem Bereich des Unheils zurückziehen. Wenn die Bedrohung vorbei ist, werden Sie Ihre Verluste wieder wettmachen können.

Erste Linie

Nach dem Donner erleichtertes Lachen. Eine Überraschung hat Sie zwar zittern lassen, aber Sie haben etwas Wertvolles gelernt. Nach dem ersten Schrecken löst sich die Spannung wieder. Manchmal muß man ein Risiko eingehen.

GESCHICHTEN, DIE DAS LEBEN SCHREIBT

In Delhi gestrandet Neu-Delhi, Indien, 1982: Über ein Jahr waren wir nun in Asien unterwegs, und es kam uns wie eine Ewigkeit vor. Zu diesem Zeitpunkt waren wir dem Nervenzusammenbruch nahe, völlig erschöpft und ständig in der Defensive. Ist es an der Zeit, nach Hause zu gehen und wieder mal einen Hamburger und das gewöhnliche Leben zu genießen, oder sollten wir weiterziehen, hin zu weiteren exotischen Dingen, Ernüchterungen und Verzweiflungen?

Frage: In welchem Stadium sind wir auf unserer Entdeckungsreise in den Osten?
Antwort: Das 51. Hexagramm, die vierte Linie war bewegt.

- *Das 51. Hexagramm sagt, daß es zwei Reaktionen auf Überraschungen und Erschütterungen gibt – entweder einen wohltuenden Effekt, der Adrenalinfluß wird angeregt, oder einen Sturz in den Schlamm, weil man vor Furcht nur noch zittert und bebt.*
- *Die vierte Linie weist auf etwas hin, was wir bereits wußten: die zahlreichen Erschütterungen, die sich aus unserem ständigen Zusammensein und den anstrengenden Reisebedingungen ergaben, hatten uns geschafft. Wir waren einfach erledigt, hatten genug von unserem Abenteuer. Zeit, sich auszuruhen!*

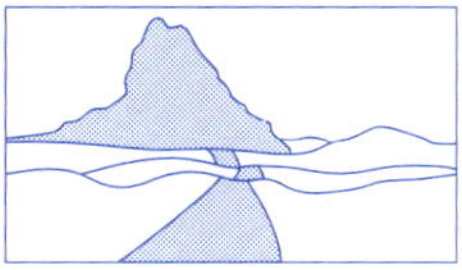

Berg

Berg

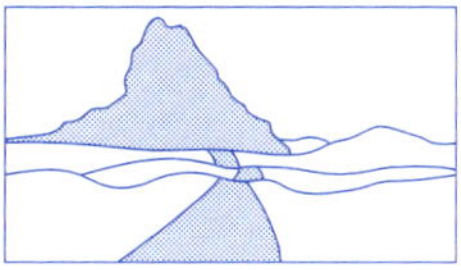

Stillstand · Ruhe · Festigkeit

Eile mit Weile.
Passanten haben keinen Einblick in den Innenhof.

Der Berg über dem Berg. Eine Bergkette ist ein Bild der Reglosigkeit.

Das chinesische Bild zur Beschreibung dieses Hexagramms zeigt ein Auge über einer Person, was Beobachtung oder Kontemplation bedeutet.

Reglosigkeit als Stadium wacher Bereitschaft. Bereitschaft heißt, daß man sich dessen bewußt ist, was um einen herum vorgeht. Wenn es richtig ist, stillzusitzen, dann sitzt man still, wenn es Zeit ist, sich zu bewegen, bewegt man sich.

Die Stille und Ruhe des Berges inspirieren den meditativen Geist.

Sechste Linie

Perfektes Stillehalten. Aufhören, wenn man den Gipfel erreicht hat. Sie haben Ihr Ziel verfolgt und erlangt. Gehen Sie nicht weiter, sonst stürzen Sie ab.

Fünfte Linie

Den Mund halten. Sie können sehr beredt sein, ohne etwas preiszugeben, selbst wenn Sie dazu gedrängt werden. Andererseits könnte Ihr großer Mund Sie in Schwierigkeiten bringen. Denken Sie erst, bevor Sie reden.

Vierte Linie

Völlig reglos bleiben, Schaden vermeiden. Seien Sie ruhig, besonnen und aufrichtig. In beunruhigenden Situationen sollten Sie sich entspannen und zur Ruhe kommen, dann wird der Sie umgebende Aufruhr Ihnen nichts anhaben können.

Dritte Linie

Sich so ruhig halten, daß das Herz zu rasen beginnt. Wenn man seine natürlichen Bedürfnisse gewaltsam zügelt, kommt es zu großen Anspannungen. Wenn man mit künstlicher Starre versucht, Ruhe herbeizuführen, kann es zu Panikattacken kommen. Werden Sie wieder lockerer, legen Sie eine Pause ein.

Zweite Linie

Die Beine stillhalten. Sie wollen handeln, doch es ist ratsam, sich zurückzuhalten. Vielleicht schaffen Sie es nicht, einen anderen Menschen von törichtem Tun abzuhalten.

Erste Linie

Die Füße stillhalten. Jetzt ist nicht der rechte Zeitpunkt für unüberlegte Aktionen oder dafür, vor Begeisterung den Boden unter den Füßen zu verlieren. Halten Sie ein, bevor Sie einen falschen Schritt machen. Geben Sie sich mit dem Punkt zufrieden, an dem Sie momentan stehen.

Dinge mit Gewalt erreichen wollen Nach vielen Jahren der Meditation mit einem wunderbaren Zen-Lehrer begab sich Rod mit Trauer im Herzen in sein letztes offizielles Zen-Retreat. Hinter der Trauer verbirgt sich immer ein Verlust. Der Verlust tritt ein, wenn etwas zu Ende gegangen ist oder man fürchtet, daß es bald zu Ende gehen wird.

Zwischen Rod und seinem Lehrer hatte bereits eine Trennung stattgefunden. Die vertrauten Rituale spendeten keinen Trost mehr. Sie kamen Rod abgestanden und leer vor. Er schaffte es nicht einmal, mit seinem Lehrer darüber zu sprechen.

Alle Lebenszyklen haben einen Anfang, eine Mitte und ein Ende. Die Kunst besteht darin, zu wissen, wo man gerade steht. Und mit am schwierigsten ist es zu erkennen, ob etwas wirklich zu seinem Ende gekommen ist oder ob man nur damit aufhört, weil es zu schwer geworden ist. Mitten in seinen Übungen befragte Rod das I Ging:

Frage: Das Retreat scheint gut zu laufen, aber ich bin trotzdem traurig. Bitte einen Rat!
Antwort: Rod erhielt das 52. Hexagramm, die dritte Linie war bewegt.

- *Das 52. Hexagramm spricht von der Reglosigkeit, wie bei der Meditation.*
- *Die dritte Linie weist auf eine unangemessene Hartnäckigkeit hin.*

Rod war nicht mit dem Herzen dabei, weshalb es ihm auch wehtat. Er hatte versucht, etwas mit Gewalt zu erreichen. Es war Zeit, daß er lockerer wurde.

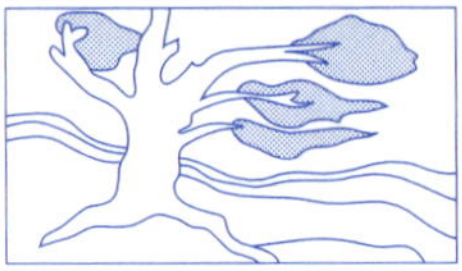

Baum

Berg

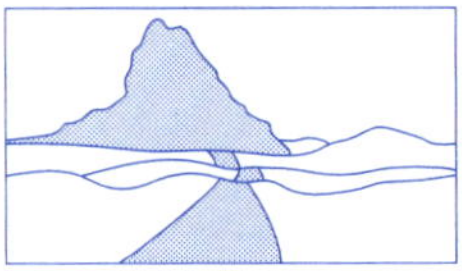

Allmählicher Fortschritt · Entwicklung · Vorwärtskommen

Wie im Lehrbuch.
Günstig für eine Heirat.

Auf dem Berg wächst der Baum nur langsam. Die Chinesen beschreiben diese Situation mit den offiziellen Stadien bis zur Eheschließung: die Werbung, die Verlobung, die Hochzeit.

Ein weiteres Bild zur Beschreibung dieses Hexagramms ist der Zug der wilden Gänse. Gänse bleiben einem Partner treu und haben sehr regelmäßige Flugmuster. Die Ankunft, der Nestbau und der Abflug der Gänse markieren die natürlichen Zyklen des Jahres.

Zwar mag Ihr Ziel noch in weiter Ferne liegen, doch Sie sollten es deshalb nicht aufgeben. Schreiten Sie Schritt für Schritt voran, dann bekommen Sie das, was Sie wollen.

Sechste Linie

Die Wildgans fliegt in die Wolken hinauf, ihre Federn werden zum heiligen Tanz verwendet. Sie haben Überdurchschnittliches erreicht, vielleicht fühlen Sie sich deshalb etwas distanziert von Ihren Freunden. Ihre Taten dienen anderen zum Vorbild.

Fünfte Linie

Die Wildgans erreicht endlich den Gipfel. Mit Stärke und Flexibilität erreichen Sie schließlich Ihr Ziel. Vielleicht dauert es länger als erwartet, doch letztlich sind Sie unbesiegbar. Projekte tragen Früchte. Möglicherweise eine Eheschließung und Kinder.

Vierte Linie

Die Wildgans schafft es, auf einem flachen Ast im Baum zu stehen. Sie finden einen sicheren Ort, an dem Sie sich eine Weile aufhalten können. Die Reise ist jedoch noch nicht vorbei. Ihr momentaner Aufenthaltsort ist eine passende Nische, in der Sie sich wohlfühlen können, aber keine dauerhafte Bleibe.

Dritte Linie

Die Wildgans will in die Hochebene. In Ihrer Eile haben Sie sich allein auf den Weg gemacht und dabei verirrt. Projekte werden nicht beendet. Verteidigen Sie Ihre Stellung, greifen Sie jedoch nicht andere an! Möglicherweise werden Sie von Ihren Partnern betrogen.

Zweite Linie

Die Wildgans landet auf trockenen Felsen. Der erste Schritt der Reise ist erfolgreich verlaufen, Sie haben einen sicheren, wenn auch nur vorübergehenden Rastplatz gefunden. Lassen Sie Freunde an Ihrem Glück teilhaben. Jetzt kann man sich über gegenseitige Gesellschaft freuen.

Erste Linie

Die kleine Gans bemüht sich, ans Ufer zu kommen. Die ersten Schritte einer Reise sind gefährlich. Weil Sie ein Neuling sind, kann man Sie leicht kritisieren. Seien Sie beharrlich, behalten Sie Ihr Ziel im Auge. Rufen Sie gegebenenfalls nach Hilfe.

Die beste Meditation aller Zeiten Am siebten und letzten Tag einer Schweigemeditation wurde Amy plötzlich von Alex, einem Freund und Mit-Meditierenden, verbal angegriffen. Aus unersichtlichen Gründen sprang er auf und fing heftig zu schimpfen an, auf den Lehrer und auf Amy, die er als „jüdische Psycho-Schlampe" bezeichnete. Amy ist Jüdin und Psychologin, aber mußte das denn mit soviel Abscheu und Haß festgestellt werden? Amy bemühte sich darum, nicht in Tränen auszubrechen oder zu schreien anzufangen. Sie beendete ihre Meditation und fragte dann das I Ging, wie sie mit dieser Situation umgehen sollte.

Frage: Was mache ich mit Alex, der eben einen psychotischen Anfall hatte?
Antwort: Amy erhielt das 53. Hexagramm, die sechste Linie war bewegt.

- *Das 53. Hexagramm spricht davon, daß man sich seinem Ziel mit ausgewogenen und beharrlichen Schritten nähern sollte.*
- *Im Originaltext spricht die sechste Linie von einer Gans, die hoch in die Wolken aufsteigt und deren Federn in einem heiligen Tempeltanz verwendet werden. Wir deuteten dies so, daß man sein Ziel dann erreicht hat, wenn man die konfliktträchtige Welt hinter sich läßt. Eine aufbauende Feststellung.*

Normalerweise weicht Amy Auseinandersetzungen nicht aus. Zum Teil war es wohl auf die reine Überraschung zurückzuführen, zum Teil wohl auch auf die Disziplin, das heilige Schweigen und die Ruhe der Meditation zu wahren. Jedenfalls reagierte Amy nicht und behielt ihr Schweigen bei. Sie hatte es geschafft, die Kontrolle über sich zu bewahren, auch wenn sie innerlich schäumte. Hinterher sagte ihr der Lama, daß es die beste Meditation gewesen wäre, die sie je hinter sich gebracht hatte.

Die Kunst liegt darin, willentlich aggressiv oder tolerant sein zu können. Die Weisheit liegt darin, zu wissen, wann.

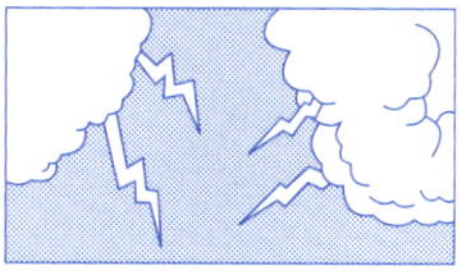

Donner

See

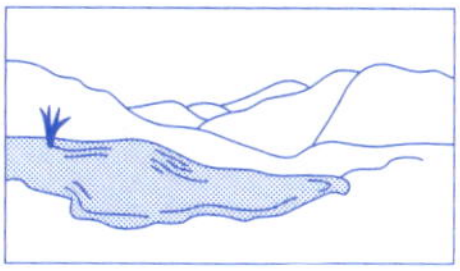

Impulsiv · Leidenschaftlich · Mangelhaft

Dummköpfe brechen herein.
Zum Krieg schreiten bringt Unheil.

Donner über dem See. Der See steht für den Wunsch, aus den Zwängen auszubrechen und vorzutreten. Der Donner steht für plötzliche, instinktive Erregung, wie bei der Sexualität.

Zusammengenommen legen sie eine sehr energievolle, aber möglicherweise übereilte und verfrühte Entfaltung nahe.

Gefahr, sich zu früh zu viel aufzuladen. Gefühle lassen Sie hastig und leichtsinnig werden. Doch wer nicht wagt, der nicht gewinnt.

Der Mut zum Risiko – darauf kommt es an.

Sechste Linie

Der Korb ist leer. Entweder Sie haben etwas, das nichts oder kaum etwas wert ist, oder Sie tun etwas nur halbherzig. Leere Gesten.

Fünfte Linie

Die Braut ist bescheidener gekleidet als die Brautjungfern. Sie brauchen nicht anzugeben oder immer groß rauszukommen. Wenn Sie die Oberhand haben, sollten Sie in den Hintergrund treten und andere glänzen lassen.

Vierte Linie

Die Hochzeit verschieben, alles zu seiner Zeit. Sie werden länger brauchen als erwartet, um Ihr Ziel zu erreichen. Warten Sie ab, bis die Zeit zum Handeln reif ist. Eine Verzögerung könnte zu Ihrem Vorteil sein.

Dritte Linie

Sie wollte die Ehefrau sein, jetzt ist sie die Konkubine. Ihre Erwartungen sind zu groß, sie können jetzt nicht erfüllt werden. Warten Sie auf eine bessere Gelegenheit, sonst haben Sie vielleicht das Gefühl, sich unter Ihrem Wert verkauft zu haben.

Zweite Linie

Mit einem Auge sehen, sich zurückhalten. Wenn man nicht klar sehen kann, sollte man sich besser auch nicht sehen lassen. Vielleicht haben Sie das Gefühl festzusitzen. An einer mangelhaften Beziehung kann gearbeitet werden. Konzentrieren Sie sich immer nur auf eines!

Erste Linie

Die jüngere Schwester wird die Nebenfrau. Mit guten Beziehungen können Fortschritte erzielt werden, selbst wenn Sie nicht alle erforderlichen Voraussetzungen haben.

GESCHICHTEN, DIE DAS LEBEN SCHREIBT

Das Omen ignorieren Hurley, England: Wir trafen Vorbereitungen für einen Urlaub in Ungarn. Wir wollten in die Heimat von Rods Vater zurückkehren und seine Wurzeln entdecken. Unser romantisches Bedürfnis nach dieser Reise in die theoretische Heimat hatte kaum realistische Grundlagen, denn Rods Vater war als Jude aus Budapest geflohen und hatte aus seinem Geburtsland nur sein nacktes Leben und die Kleidung an seinem Leib retten können.

Frage: Welchen Rat gibt es für unseren Urlaub?
Antwort: Wir erhielten das 54. Hexagramm, die zweite Linie war bewegt.

- *Das 54. Hexagramm weist auf eine ungünstige Situation hin.*
- *Die zweite Linie bringt zum Ausdruck, daß man etwas unscharf sieht und Schwierigkeiten bevorstehen. Die Linie gibt eigentlich den Rat, daheimzubleiben.*

An dieses Orakel sollten wir noch oft denken, denn wir fühlten uns verpflichtet, diese Reise zu unternehmen, und ignorierten deshalb den Rat. Unterwegs passierten lauter Katastrophen. Alles, was schieflaufen konnte, lief schief. Es regnete in Strömen, wir hatten eine Reifenpanne, bekamen kein Hotelzimmer etc. Nun, schließlich hatten wir das Orakel ignoriert …

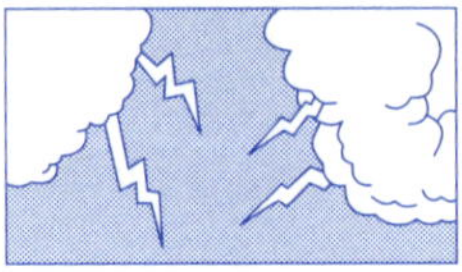

Donner

Feuer

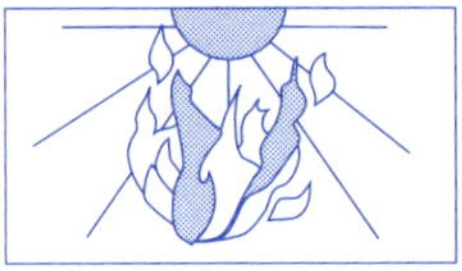

Fülle · Ernte · Überfluß

Heu machen, solange die Sonne scheint.
Wie die Sonne am Mittag.

Donner über dem Feuer. Das Feuer steht für eine leuchtende Zurschaustellung von Errungenschaften, der Donner für ungehinderte Aktion. Zusammen weisen sie auf einen ruhmvollen Höhepunkt hin. Aber damit einher geht auch die Botschaft der Unbeständigkeit.

Alles läuft so, wie Sie es sich nur wünschen können. Dies ist Ihre Zeit des Ruhms, Ihre Gelegenheit, nach den goldenen Äpfeln zu greifen. Im Rückblick werden Sie diese Zeit Ihres Lebens vielleicht für die beste halten.

Vielleicht bietet sich Ihnen nie wieder so eine Gelegenheit. Seien Sie entschlossen und aktiv!

___ *Sechste Linie*

Durch das Palasttor spähen, drei Jahre lang niemanden sehen. Die Umstände sind nicht so günstig, wie sie scheinen. Äußerer Glanz kann nicht über innere Schwäche hinwegtäuschen. Vielleicht leben Sie über Ihren Verhältnissen. Weil Sie Ihr Glück nicht geteilt haben, stehen Sie vereinsamt und von Ihren Mitmenschen betrogen da.

___ *Fünfte Linie*

Leuchtendes inneres Licht ist gesegnet. Sie werden willkommen geheißen, man schätzt Ihre Gaben und Talente. Freuen Sie sich! Sie werden von tüchtigen Helfern unterstützt.

___ *Vierte Linie*

Schwere Vorhänge schirmen das ganze Licht ab. Vom Licht abgeschnitten steht man im Dunkeln, eine hinderliche und ungünstige Position. Verwirrung und Lügen umgeben Sie. Sie können nicht sehen und werden auch nicht gesehen. Wenn Sie die Verwirrung verstehen, werden Sie auch wieder Licht sehen.

___ *Dritte Linie*

Viele Flaggen verdunkeln den Himmel; der rechte Arm ist gebrochen. Die Flaggen sind eine Warnung. Sie werden mit so vielen unterschiedlichen Botschaften bombardiert, daß Sie Schaden nehmen. Es ist jedoch nicht so schlimm, und Sie werden sich bald wieder erholen. Vielleicht gerät es Ihnen sogar noch zum Vorteil.

___ *Zweite Linie*

Die Vorhänge sind so dick, daß selbst am Mittag Lampen angezündet werden müssen. Extravaganzen verdunkeln und verwirren Ihre wirklichen Absichten nur. Seien Sie offen und aufrichtig. Sie brauchen sich nicht hinter einer Fassade des Luxus zu verstecken.

___ *Erste Linie*

Seinen Partner treffen, gut für zehn Tage. Ein bedeutender Mensch ist bereit, Ihnen zu helfen. Wenn Sie seine Großzügigkeit in Anspruch nehmen, sollte Ihnen klar sein, daß von Ihnen auch eine Gegenleistung erwartet wird.

Auf dem Markt mitmischen Wir fanden Gefallen am Börsengeschäft, und dabei besonders am Kauf und Verkauf von Rohstoffen wie Gold und Silber, Soyabohnen und Kaffee, Dinge, die die Welt bewegen. In den ersten paar Monaten suchten wir die Büchereien ab und lasen sämtliche Bücher, die wir zu diesem Thema finden konnten. Dann sprachen wir mit allen Profis, die mit uns sprechen wollten.

Schließlich entschieden wir uns für einen Anlageberater, einen von den vielen, mit denen wir gesprochen hatten. Dieser Börsenmakler redete ohne Unterlaß und verwickelte uns in viele komplizierte Geschäfte. An manchen verdienten wir, an anderen nicht. Wir wurden langsam ziemlich unsicher und bekamen das Gefühl, daß uns die Sache über unsere unfähigen Köpfe wuchs. War es ein Fehler, sich auf dieses Spiel eingelassen zu haben? War es ein Fehler, diesen Menschen als unseren Führer gewählt zu haben?

Frage: Was sollen wir mit dieser Beziehung tun? Das Spiel weiterspielen oder aussteigen?
Antwort: Wir erhielten das 55. Hexagramm, die dritte Linie war bewegt.

- *Das 55. Hexagramm spricht davon, die Ernte einzubringen, solange die Sonne scheint.*

Dies hatten wir mit Sicherheit versucht, und auch einigermaßen erfolgreich, bis wir unsicher wurden und den Faden verloren.

- *Die dritte Linie besagt, daß man unklare, widersprüchliche Botschaften erhält, die einen gewissen Schaden anrichten.*

Unser Schaden erstreckte sich auf geistige und finanzielle Bereiche. Wir beendeten die Beziehung zu diesem Börsenmakler, als uns klar wurde, daß wir gut durchdachte Entscheidungen alleine fällen müssen, ob sie nun richtig sind oder nicht. Es liegt uns einfach nicht, das zu tun, was uns ein anderer vorschreibt, ohne voll zu verstehen, wie diese Entscheidungen zustande gekommen sind.

Feuer

Berg

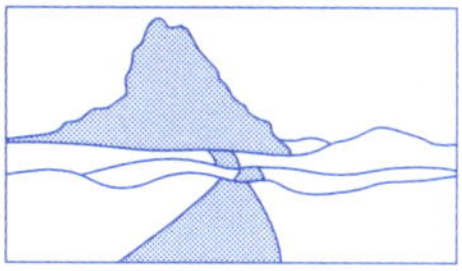

Reisen · Übergang · Unbeständigkeit

Nur auf der Durchreise.
Günstig für den Wanderer.

Feuer über dem Berg. Ein Buschfeuer lodert auf und zieht weiter. Ein Bild der Bewegung, der Unbeständigkeit, der Rastlosigkeit.

In früheren Zeiten war das Reisen sehr gefährlich. Der Reisende versteht, was es heißt, sich nicht zu binden. Er hat nur wenige Freunde und ist frei von überflüssigen Besitztümern und Verpflichtungen. Langfristige Vereinbarungen sind hier nicht angesagt.

Unterwegs muß man höflich und vorsichtig sein. Man ist verwundbar. Erwarten Sie nicht zu viel. Achten Sie auf die Details.

Entweder passiert es jetzt oder überhaupt nicht.

Sechste Linie

Dem Vogel verbrennt sein Nest. Sie waren sich Ihres Glücks zu sicher und haben es deshalb verloren. Wenn Sie sich über das Unheil eines anderen lustig machen, kann sich Lachen zu Weinen verkehren, wenn das Unheil Sie selbst überfällt.

Fünfte Linie

Der Wanderer schießt einen Fasan mit einem Pfeil. Sie zeigen Ihr Geschick und finden eine gute Stellung. Obwohl Sie ein Fremder sind, werden Sie willkommen geheißen. Machen Sie das Beste aus den sich Ihnen bietenden Gelegenheiten, ohne damit zu prahlen.

Vierte Linie

Der Wanderer erlangt Besitz und eine Axt. Sie finden einen Ort, an dem Sie sich niederlassen und Ihren Lebensunterhalt verdienen können, aber innerlich sind Sie nicht zufrieden. Sie fühlen sich fremd. Sie tun nicht, was Sie wirklich wollen.

Dritte Linie

Die Herberge brennt ab, der Wanderer verliert seinen Diener. Wenn ein aufbrausendes Gemüt zu Streit führt, können Äußerungen fallen, die man nicht mehr zurücknehmen kann. Ihr Zufluchtsort ist nicht mehr sicher, Sie haben die Zuneigung von anderen verloren. Am besten machen Sie sich wieder auf den Weg.

Zweite Linie

Der Wanderer findet eine Herberge und einen Diener. Sie haben einen guten Ort mit ausreichenden Möglichkeiten und freundlichen Leuten gefunden. Zwar ist dies kein dauerhaftes Heim, aber Sie können es sich leisten, ein Weilchen zu bleiben.

Erste Linie

Der Wanderer ist unaufmerksam und kleinlich. Wenn Sie wissen, wohin Sie wollen, und ausreichend vorbereitet sind, werden Sie ein großes Abenteuer genießen können. Aber wenn Sie zu unruhig sind und sich in Nebensächliches verrennen, werden Sie Fehler machen und auf Geringschätzung und Verachtung stoßen.

Unterwegs Rod und Amy landen in Hawaii, und als wäre dies nicht genug, finden sie endlich nach jahrelangem Umherreisen und Suchen auch noch zwei große spirituelle Lehrer.

Frage: Hier zu sein ist wundervoll. Ist dies nun endlich unser dauerhafter Wohnsitz?
Antwort: Wir erhielten das 56. Hexagramm, die vierte Linie war bewegt.

- *Das 56. Hexagramm besagt, daß man noch immer unterwegs ist.*
- *Die vierte Linie drückt aus, daß noch immer etwas fehlt. Das Herz ist nicht ruhig.*

Man kann eine Wohnung mieten, sich ein Auto kaufen und versuchen, sich niederzulassen, und dennoch bleibt das Gefühl, ein Reisender zu sein. Es ist noch immer nicht der rechte Zeitpunkt gekommen, Wurzeln zu schlagen. Wir blieben vier Jahre in Hawaii, wobei wir immer in Miete wohnten und uns nie etwas kauften. Sind wir die ewigen Wanderer?

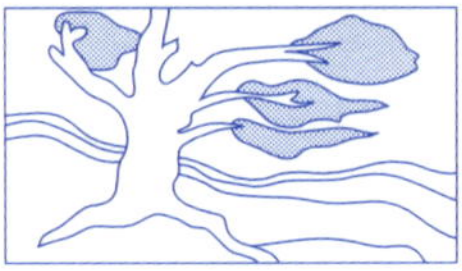

Baum

Baum

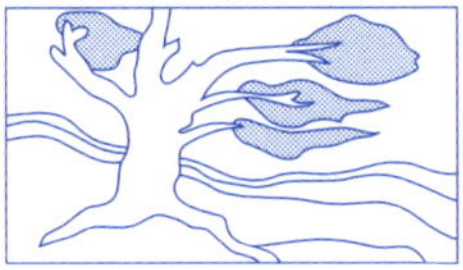

Sanftes Eindringen · Biegsamkeit · Durchdringen

Sich im Wind neigen.

Seine Absichten klarmachen.

Baum oder Wind über dem Baum oder Wind. Dieses Hexagramm zeigt einen heiligen Hain, in dem die Bäume sich dem Wind nach neigen. So passen sie sich den Umständen an und lassen sich nicht entwurzeln.

Die chinesische Bezeichnung für dieses Hexagramm bedeutet „Unterordnung, Verneigung". Man gewinnt Erkenntnisse durch stille und genaue Beobachtung.

Sie können in ein Thema eindringen und es gründlich untersuchen, ohne Ihre Offenheit zu verlieren.

Flexibilität ist von großem Vorteil.

___ *Sechste Linie*

Vor dem Thron knien, seinen Besitz und seine Axt verlieren. Entweder waren Sie zu nachgiebig oder zu gierig und ehrgeizig. Sie haben alles verloren. Was Ihnen gegeben wurde, wird Ihnen nun wieder genommen.

___ *Fünfte Linie*

Schlechter Anfang, gutes Ende. Eine Wendung zum Besseren, vom Pech zum Glück. Seien Sie flexibel und anpassungsfähig, dann wird sich alles bessern. Ende gut, alles gut.

___ *Vierte Linie*

Drei Arten von Wild fangen. Vielleicht kommt es Ihnen vor, als hätten Sie durch Ihre Flexibilität etwas aufgegeben, aber Sie haben dadurch eher gewonnen und werden reich belohnt werden. Seien Sie zuversichtlich!

___ *Dritte Linie*

Wiederholtes unterwürfiges Knien. Aufgrund Ihrer Starrköpfigkeit und Unsicherheit sind Sie gezwungen, sich gegen Ihren Willen zu unterwerfen, und zwar wieder und immer wieder.

___ *Zweite Linie*

Vor dem Thron knien, von den Priestern gesegnet. Sie haben einen positiven Eindruck gemacht, und da Sie sich übergeordneter Autorität anpassen konnten, haben Sie Einfluß erlangt. Nutzen Sie Beistand und Rat von Fachleuten.

___ *Erste Linie*

Im Zweifel beharrlich wie ein Krieger sein. Gehen Sie oder kommen Sie? Durch festen Willen und eindeutige Absichten wird Unentschlossenheit beseitigt. Wenn Sie einen Plan und auch die Mittel zu seiner Durchsetzung haben, können Sie voranschreiten.

GESCHICHTEN, DIE DAS LEBEN SCHREIBT

Stoned und geistig flexibel 1984 fragte uns ein Freund, der öfters Marihuana zu sich nahm, wie sich dieses auf seinen Körper und seinen Geist auswirken würde.

Frage: Welche Auswirkung hat diese Droge?
Antwort: Er erhielt das 57. Hexagramm, die vierte Linie war bewegt.

- *Das 57. Hexagramm spricht von der geistigen Flexibilität und Einsicht.*
- *Das Trigramm Wind oder Baum ist verdoppelt, eine passende Beschreibung für die geistige Verfassung unter Marihuana. Der Geist öffnet sich und breitet seine Schwingen aus. Er bewegt sich frei, indem er vergißt, woher er kam oder wohin er geht. Starre Gewohnheiten durchbrechen, sich neuen Horizonten öffnen. Im Exzeß führt diese Flexibilität jedoch zu Panik und Unentschlossenheit.*
- *Die vierte Linie weist darauf hin, daß der Ratsuchende beim Experimentieren mit dieser neuen Realität viel gewinnen kann.*

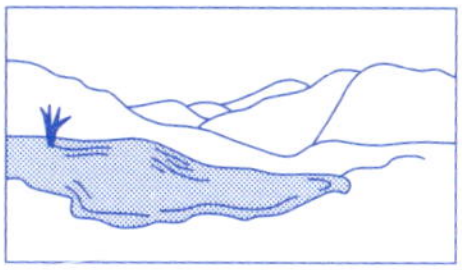

See

See

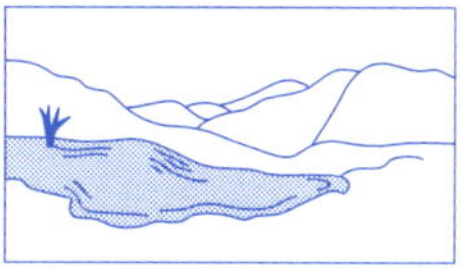

Selbstvertrauen · Ermutigung · Freude

Offene Worte.
Aus seiner Meinung kein Hehl machen.

See über dem See. Eines der acht Doppelzeichen. Freundlicher Austausch. Die wichtigste Frage zu unserem Universum lautet: „Ist es freundlich?"

Freudiger Ausdruck seines Selbst. In die Öffentlichkeit treten, seine Ideen und Gefühle frank und frei äußern. Nach Leuten und äußeren Umständen suchen, die auf diese Offenheit positiv reagieren.

Schwierigkeiten können leichter gemeistert werden, wenn es einem gut geht. Ihr Einfallsreichtum und Ihre Erfindungsgabe werden Ihnen gute Dienste leisten.

___ *Sechste Linie*

Ermutigt, nach vorne zu treten. Dies ist eine gute Gelegenheit, in die Öffentlichkeit zu treten und sich einzubringen. Es besteht jedoch die Versuchung, sich selbst gegenüber zu nachgiebig zu sein.

___ *Fünfte Linie*

Einem Dieb vertrauen. Sie sind umringt von Menschen, die Sie ausnutzen wollen und Ihnen etwas vorlügen. Seien Sie vorsichtig, wem Sie vertrauen!

___ *Vierte Linie*

Die Risiken abwägen. Seien Sie zufrieden mit dem, was Sie momentan tun. Der Spatz in der Hand ist besser als die Taube auf dem Dach. Sich über Dinge Sorgen zu machen und darüber nachzugrübeln wird Sie nur verwirren und aufregen. Stellen Sie Angefangenes fertig.

___ *Dritte Linie*

Ein verlockendes Angebot. Tun Sie sich selbst einen Gefallen oder wollen Sie anderen einen zu tun? Vielleicht gibt es ein paar Versuchungen von außen. Das Glück kommt jedoch von innen.

___ *Zweite Linie*

Aufrichtiges Reden. Wenn Sie wissen, wer Sie sind und was Sie wollen, sind Sie frei, die vom Herzen kommende Wahrheit zu äußern. Gewinnen Sie das Vertrauen von anderen mit aufrichtigen Worten, nicht mit Schmeicheleien.

___ *Erste Linie*

Natürliches Reden. Treten Sie vor, äußern Sie sich fröhlich und spontan. Dies ist die natürlichste und einfachste Reaktion auf etwas Schönes.

Die Stadt der Freuden

Eben haben wir das Death Valley durchquert und sind in der Oase Palm Springs in Kalifornien angekommen. Und was für eine Oase! Mitten in der unwirtlichen Wüste kam uns, die wir zwei Tage nur in unserem eigenen Schweiß gebadet hatten, dieser Ort wie das reine Paradies vor.

Frage: Es ist einfach phantastisch hier. Wäre es gut für uns, eine Weile hier zu bleiben? Bitte!
Antwort: Wir erhielten das 58. Hexagramm, die sechste Linie war bewegt.

- *Das 58. Hexagramm spricht vom Ausdruck der eigenen Persönlichkeit.*

Das Bild von zwei Seen: Hier ist das Element Wasser wirklich nicht knapp. Palm Springs besteht aus unendlich vielen Schwimmbecken und Heilgewässern (zum Teil mit Chlor versetzt, zum Teil auch natürlich belassen).

- *Die sechste Linie besagt, daß man gezwungen wird, nach vorne zu treten.*

So ging es auch uns. Wir standen in einer Phase, in der wir real, nicht mehr nur nett sein wollten – eine Identitätskrise, die eben eingesetzt hatte und bis zum heutigen Tag angehalten hat.

In dieser Zeit machten wir enorme Entdeckungen. Wir trafen ein paar sehr außergewöhnliche Typen und waren gezwungen, aus vielen starren – selbstgebastelten – Beschränkungen auszubrechen. Schließlich brannten wir aus – zu viel Sonne, zu viel Spaß -, und es war wieder an der Zeit weiterzuziehen.

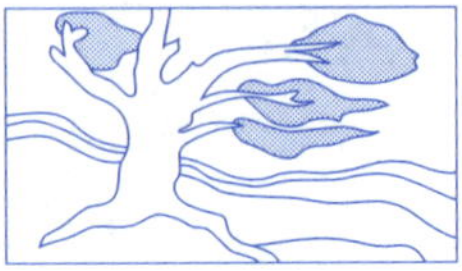

Baum

Wasser

Trennung · Auflösung · Zerstreuung

Auf der Welle reiten.
Dem Tempel Segen bringen.

Der Baum oder Wind über dem Wasser. Der Wind bricht die starren Eisschollen auf und bläst so heftig, daß sich Wellen bilden. Wenn das Eis durchbrochen ist, ist die Erstarrung aufgelöst.

Die chinesische Bezeichnung für dieses Hexagramm bedeutet „Wasserflut". Zuerst ist die Flut erschreckend, doch dann wird man von ihr ans sichere Ufer geschwemmt.

Bäume, Wind und Wasser vermitteln uns das Bild von Booten auf dem Wasser. Reisen und Handel.

Wenn Kräfte aufgelöst und zerstreut werden, muß man sich seiner ursprünglichen Absichten besinnen. Verlieren Sie in unruhigen Zeiten nicht Ihr Gleichgewicht. Auf der Welle reiten, ohne von ihr überwältigt zu werden.

___ *Sechste Linie*

Von Sorgen weit weg geschwemmt. Zwar haben Sie eine unheilvolle Begegnung erfolgreich überstanden, aber vielleicht wünschen Sie sich noch immer eine freundlichere Umgebung, in der Sie nicht mehr bedroht sind.

___ *Fünfte Linie*

Schweißüberströmt wird man zum Palast des Königs gerufen. Das Angebot, eine neue Erfahrung zu machen, könnte Ihnen Angst einflößen. Nehmen Sie es an, wenn Sie dabei gelassen bleiben können.

___ *Vierte Linie*

Von der Herde weg auf einen Hügel geschwemmt. Bestimmte Ereignisse treiben Sie weg von Ihren gewohnten Geleisen, aber auch weg von Gefahr. Geben Sie alte Gewohnheiten und Routinen auf. Versuchen Sie etwas Neues, ändern Sie Ihr Leben!

___ *Dritte Linie*

Von der Flut weggeschwemmt. Äußere Ereignisse führen dazu, daß Sie nicht mehr an Ihre Sorgen denken. Helfen Sie sich selbst, indem Sie anderen helfen.

___ *Zweite Linie*

Mit der Flut schwimmen. Vielleicht wissen Sie nicht, wohin die Flut der Ereignisse Sie trägt. Reiten Sie auf der momentanen Energiewelle. Ergreifen Sie Gelegenheiten beim Schopf. Jemand steht Ihnen bei und wird Sie unterstützen.

___ *Erste Linie*

Mit Hilfe eines starken Pferdes gerettet. Mit Hilfe eines Freundes können Sie sich einer schwierigen Situation entziehen, bevor diese ausufert. Einer mißlichen Lage kann entgegengewirkt werden, wenn man sie schnell genug in Griff bekommt.

Auf der Welle reiten Unsere Freundin Cathleen ist traurig und kraftlos. Sie hat Probleme mit ihrem Partner, mit dem sie fünfzehn Jahre zusammengewesen ist. Ihre Beziehung scheint sich aufzulösen.

Frage: Bitte einen Rat! In welcher Lage befinde ich mich derzeit tatsächlich?
Antwort: Cathleen erhielt das 59. Hexagramm, die fünfte Linie war bewegt.

- *Das 59. Hexagramm bestätigt Cathleens Gefühle der Auflösung und des Bruchs.*
- *Die fünfte Linie besagt, daß man zum Palast des Königs geschwemmt werden wird.*

Die Auflösung der Beziehung wird Cathleen zu neuen Möglichkeiten und Herausforderungen treiben.

Cathleen verließ das ländliche Irland und ging nach London. Sie hat ihr Leben verändert und stellt sich den neuen Herausforderungen.

Wasser

See

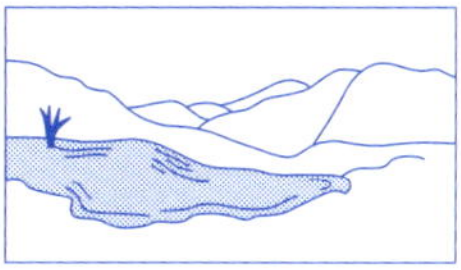

Disziplin · Prinzipien · Beschränkungen

Freiheit innerhalb der Form.
Zu viele Schranken sind nicht hilfreich.

Wasser über dem See. Es sollte so viel regnen, daß der See voll ist, aber nicht so viel, daß er über seine Ufer tritt. Im Tal sammelt sich das Wasser und wird ins Flußbett geleitet.

Die Neigung, zu sammeln, zu organisieren und maßvoll aufzuteilen.

Disziplin und Struktur im Leben sind gut, solange die Zwänge nicht Bitterkeit und Ablehnung hervorrufen. Wenn dies der Fall ist, sollte man die Zügel lockern.

___ *Sechste Linie*

Schmerzhafte Beschränkung. Zu hohe Ansprüche an sich selbst führen zu Erschöpfung, Verbitterung und Ablehnung. Sie sollten sich nicht selbst die Schuld geben, sondern lockerer werden und eine neue Richtung einschlagen.

___ *Fünfte Linie*

Zufrieden mit der Disziplin. Selbstdisziplin ist der Schlüssel zu Ihrem Glück. Disziplin und Struktur in Ihrem Leben gehen einher mit Ordnung und Fortschritt.

___ *Vierte Linie*

Sicher innerhalb der Begrenzungen seines Lebens. Sie sind ein diszipliniertes Leben gewohnt. Die Strenge und die Zwänge, denen Sie gehorchen, bilden eine verläßliche und tröstliche Struktur. Behalten Sie Ihre Gewohnheiten bei.

___ *Dritte Linie*

Bedauerlicher Mangel an Beschränkungen. Wenn Sie versäumt haben, eine Situation in den Griff zu bekommen, bevor sie unkontrollierbar wurde, können Sie sich nur selbst die Schuld daran geben. Sie allein sind verantwortlich für Ihre momentane Lage.

___ *Zweite Linie*

Wer sein Haus nicht verläßt, versäumt eine Gelegenheit. Wenn Sie sich jetzt zurückhalten, werden Sie eine günstige Gelegenheit verstreichen lassen. Ängste und Zweifel. Finden Sie ein Ventil für Ihre Energien, bevor Sie völlig frustriert sind.

___ *Erste Linie*

Zu Hause bleiben, sich nicht in Gefahr begeben. Wenn Sie bleiben, wo Sie sind, werden Sie Ärger vermeiden. Warten Sie auf eine günstigere Gelegenheit. Sie sollten wissen, was möglich und was nicht möglich ist. Überprüfen Sie sich, erkennen Sie Ihre Grenzen!

Eine Geschichte aus L.A.: Das Erdbeben im Jahr 1994

Donna entwirft Schmuck in New Jersey. Im August 1993 wurde sie eingeladen, im darauffolgenden Januar an einer Goldschmiedeversammlung in Los Angeles teilzunehmen.

Frage: Sollte ich im nächsten Januar nach Los Angeles fahren?
Antwort: Donna erhielt das 60. Hexagramm, die erste Linie war bewegt.

- *Das 60. Hexagramm weist auf Beschränkungen hin.*

Donna hatte keine Ahnung, um welche Beschränkungen es sich hier handeln könnte.

- *Die erste Linie sagt, daß man besser zu Hause bleiben und sich nicht in Gefahr begeben, sondern auf eine günstigere Gelegenheit warten sollte.*

Nun gut, etwas beängstigend, aber nicht sehr spezifisch. Donna befragt das I Ging bei allen ihren wichtigeren – persönlichen und beruflichen – Entscheidungen. Also befolgte sie den Rat, ohne recht zu wissen warum. Sie hatte einfach Vertrauen. Als das „große Erdbeben" genau zu der Zeit, in der sie eigentlich in Los Angeles gewesen wäre, die Stadt erschütterte, wurde ihr alles klar. Diese Orakelbefragung beeindruckte sie so stark, daß sie uns anrief und uns davon erzählte. Danke, Donna!

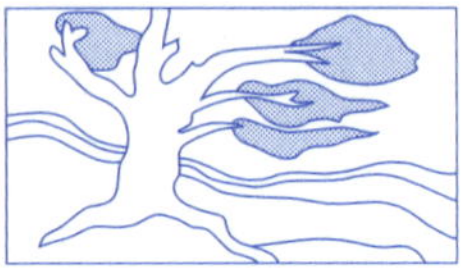

Baum

See

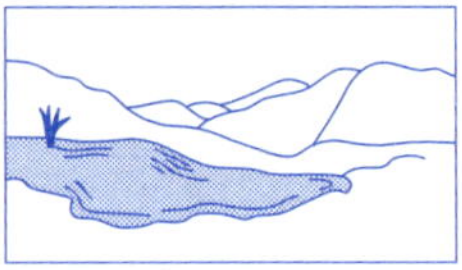

Vertrauensvoll · Von ganzem Herzen · Ausgewogen

Von ganzem Herzen kommend.
Bescheidene Opfergaben werden gern genommen.

Der Baum steht über dem See. Der Baum spendet dem See Schatten vor der heißen Sonne, der See liefert dem Baum Feuchtigkeit. Beide helfen und schützen sich gegenseitig.

Das chinesische Wort für dieses Hexagramm bedeutet eigentlich Mitte oder Zentrum. Im Zentrum stehen heißt, sich nicht in äußeren Geräuschen oder Anblicken zu verlieren und dabei zu vergessen, wer man ist und was man tut.

Eine aufmerksame, anhaltende Liebe. Wie eine Henne, die sich um ihre Küken kümmert. Auf der Wall Street gibt es einen Spruch: „Lege deine ganzen Eier in einen Korb und achte dann sehr, sehr sorgfältig auf diesen Korb!"

Man kann Großes erreichen, wenn man sich einer Sache ernsthaft und konzentriert widmet.

___ *Sechste Linie*

Hochfliegendes Huhn. Wenn ein eingebildetes Huhn versucht, zu hoch zu fliegen, wird es eine Bruchlandung machen. Sie haben sich zu viel vorgenommen. Wenn Sie so weitermachen, erleiden Sie Schaden.

___ *Fünfte Linie*

Von ganzem Herzen aufrichtig. Sie haben sich hohen Idealen verpflichtet, die Sie schützen, wenn Sie ins Wanken geraten. Ihre Integrität und Aufrichtigkeit bringt andere dazu, sich Ihnen anzuschließen.

___ *Vierte Linie*

Ein Pferd löst sich von der Herde. Lösen Sie sich von negativen Einflüssen. Vielleicht müssen Sie Ihre momentane Gruppe verlassen. Es wird vorteilhaft sein, vor allem, wenn Sie nach Höherem streben.

___ *Dritte Linie*

Trommeln, dann aufhören; schluchzen, dann singen. Etwas hat Ihre Aufmerksamkeit erregt. Ihr Wohlbefinden hängt davon ab. Wenn die Sache Ihre Aufmerksamkeit wert ist, dann wird es Ihnen gutgehen, wenn nicht, werden Sie scheitern.

___ *Zweite Linie*

Ein Kranich ruft aus dem Schatten heraus, sein Junges antwortet ihm. Eine im Schatten verborgene Vogelmutter ruft nach ihrem Jungen, und dieses antwortet ihr – eine natürliche Reaktion, perfekt und vollständig. Auf einen vom Herzen kommenden Ruf reagieren.

___ *Erste Linie*

Bereit sein. Sie sollten innere Stärke entwickeln und sich dabei von niemandem ablenken lassen. Vielleicht steht Ihnen eine Überraschung bevor. Vielleicht versucht jemand, Sie zu betrügen. Seien Sie wachsam!

Zucker-Tief Eine Frage zu einem Anlagegeschäft, das wir in nähere Erwägung gezogen hatten:

Frage: Zucker wird momentan zu 11,75 Dollar gehandelt. Wird er in den nächsten zwei Wochen über 12,50 Dollar steigen?
Antwort: Wir erhielten das 61. Hexagramm, die sechste Linie war bewegt.

- *Das 61. Hexagramm bespricht die Integrität.*

Dies gibt uns eigentlich keinen Hinweis.

- *Die sechste Linie besagt, daß das verrückte Huhn eine Bruchlandung erleben wird.*

Daraus bekommen wir einen Hinweis, und es ist definitiv kein besonders gutes Omen.

An eben diesem Tag hatte der Zuckerpreis seinen Höhepunkt erreicht. Danach kam das „Zucker-Blues"-Stadium mit ständig abnehmendem Profit. In den nächsten vier Monaten ging der Zuckerpreis stetig nach unten und pendelte sich schließlich bei 9,75 Dollar ein.

Wir befolgten den Rat des I Ging und tätigten keine Anlage. Wieder einmal vertrauten wir dem Orakel und wurden nicht enttäuscht.

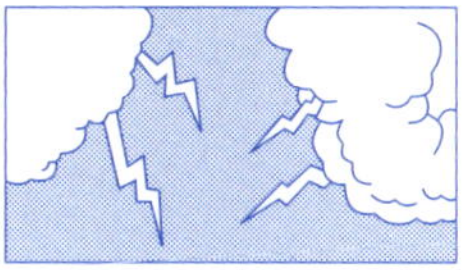

Donner

Berg

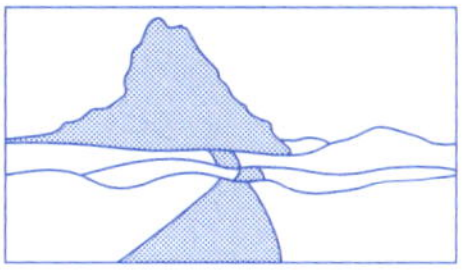

Details · Vorsicht · Schlichtheit

Es nicht übertreiben.
Fliege tief, kleiner Vogel.

Donner über dem Berg. Der Donner steht für Aktion, der Berg für das Stillehalten. Aktion entspringt aus dem Stillehalten.

Ein kleiner Vogel versucht, zu hoch zu fliegen. Er sollte dem Boden näher bleiben. Nur kleine Schritte sind möglich.

Sie befinden sich nicht in einer Position, in der größere Veränderungen möglich sind. Achten Sie auf die Details. Seien Sie bescheiden.

Sechste Linie

Der fliegende Vogel gerät ins Netz. Sie bringen sich wissentlich in immer größere Schwierigkeiten. Sie zeigen Ihre Arroganz, indem Sie sich an eine Aufgabe heranwagen, die Ihre Fähigkeiten überschreitet.

Fünfte Linie

Wolken, doch kein Regen. Es sieht nach Regen aus, doch die Wolken ziehen vorbei, ohne daß es regnet. Kleinere Ziele können angestrebt werden, größere nicht. Nehmen Sie die Dinge, wie sie sind, und geben Sie sich damit zufrieden. Tun Sie das, was Ihnen leichtfällt.

Vierte Linie

Auf der Hut sein vor einer gefährlichen Begegnung. Ihr derzeitiger Weg könnte Sie in Schwierigkeiten bringen. Wenn Sie ihn weiter beschreiten, müssen Sie sehr vorsichtig sein. Bleiben Sie besser da, wo Sie momentan sind. Sie sollten Ihr Glück nicht überstrapazieren!

Dritte Linie

Von hinten angegriffen. Wenn Sie zu weit gehen, könnten Sie angegriffen werden. Prahlerei führt zu Unfällen. Bleiben Sie wachsam und halten Sie sich bedeckt.

Zweite Linie

Er erreicht nicht seinen Fürsten und trifft den Beamten. Wenn Sie es nicht schaffen, zum Chef durchzudringen, dann geben Sie sich mit seinem Stellvertreter zufrieden. Zwar könnten Sie eine große Gelegenheit verpassen, aber immerhin bietet sich Ihnen die zweitbeste. Geben Sie sich damit zufrieden, daß Sie Ihre Ziele zumindest teilweise erreicht haben.

Erste Linie

Durch Fliegen kommt der Vogel ins Unheil. Sie sind versucht, einen überstürzten Schritt zu unternehmen. Dies wird unweigerlich zu einer unglücklichen Begegnung führen.

Zimmer mit Aussicht Wir waren bereits eine scheinbare Ewigkeit in Indien unterwegs, da wurde uns ein Haus in einer phantastischen Lage, hoch am Berg mit einem schier endlosen Blick auf den Ganges, angeboten. Wunderschön! Aber natürlich ist nichts perfekt. Es gab keine Toilette (in Indien heißt das, daß die Toilette eben irgendwo draußen ist), und auch keine Küche (die in Indien ebenfalls meistens irgendwo draußen ist).

Damals reisten wir noch zu dritt. Für die beiden Männer waren die Mängel nicht so drastisch, für Prinzessin Amy war der Reiz des Hauses dadurch erheblich geschmälert.

Frage: Sollen wir ein Weilchen in diesem bemerkenswerten Haus in Vashisht bleiben?
Antwort: Das 62. Hexagramm, die sechste Linie war bewegt.

- *Das 62. Hexagramm rät, es nicht zu übertreiben, sein Glück nicht überzustrapazieren, und dies wäre hier der Fall gewesen.*

Wir waren bereits ziemlich erschöpft, und für jedes Glas Wasser eine halbe Meile zum Dorfbrunnen zu laufen schien eine zusätzliche unnötige Belastung.

- *Die sechste Linie besagt, daß man sich immer weiter ins Unglück begibt.*

Nun gut, es war einfach keine gute Idee. Es war wohl ein Fingerzeig weiterzuziehen, und das taten wir dann auch.

Wasser

Feuer

Höhepunkt · Gipfel · Erfolg

Ein perfekter Tag.
Am Anfang gut, später Wirren.

Wasser über dem Feuer. Das Feuer steigt nach oben und wärmt das Wasser. Das Wasser tropft nach unten und kühlt das Feuer. Wenn Feuer und Wasser im völligem Gleichgewicht stehen, kommt es zu einer magischen Transformation.

Ein Frühlingsmorgen, Tau auf der Wiese, die Wärme der Sonne, die durch den Dunst hindurchbricht, einen wunderbaren Tag versprechend.

In diesem Hexagramm sind alle Linien an der richtigen Stelle. In vollkommener Ausgewogenheit für einen makellosen Moment, doch eine Veränderung zeichnet sich bereits ab.

Im Augenblick haben Sie es geschafft. Sie haben Glück!

Sechste Linie

Der Kopf wird naß. Sie sollten es merken, daß Ihnen etwas über den Kopf wächst. Sorglosigkeit gegen Ende eines Unterfangens führt zu Problemen, die jedoch nicht zu schwerwiegend sind und bald überwunden sein werden.

Fünfte Linie

Das Opfer eines Ochsen ist weniger gesegnet als die bescheidene Opfergabe. Eine einfache, ernstgemeinte Geste zählt mehr als eine großartige, doch hohle Zurschaustellung.

Vierte Linie

Die Jacke wird tropfnaß. Kleinere Rückschläge lassen Zweifel, Vorsicht und Nervosität entstehen. Treffen Sie Vorkehrungen gegen vorhersehbare Unfälle.

Dritte Linie

Es dauert drei Jahre, um die Ödnis zu bezwingen. Jemand, der eine schwierige Aufgabe bewältigen will, muß stark und entschlossen sein. Der Sieg könnte Ihnen viele Opfer abverlangen. Sind Sie dem gewachsen?

Zweite Linie

Sie verliert ihren Schleier und wird ihn in einer Woche zurückbekommen. Man erhält ohne große Bemühungen etwas zurück, das man verloren hatte.

Erste Linie

Der kleine Fuchs kommt mit dem Schwanz ins Wasser. In diesem frühen Stadium sollten Sie sich zurückziehen und bremsen. Kleinere Schwierigkeiten sind eine Warnung vor kommenden Problemen. Bereiten Sie sich auf etwas vor, bevor es zum Problem wird.

Ein Glückstag Ärger und Verwirrung in Kathmandu in Nepal: Jeder spricht in einer anderen Sprache; Hotelbesitzer, Taxifahrer und scheinbar die Hälfte aller Leute, die gerade in Nepal unterwegs sind, mischen sich ein. Wir verlieren beide unsere Fassung, und Rod verliert auch noch seine Brieftasche mit seinem ganzen Geld und sämtlichen Papieren. Panik!

Frage: Was sollen wir tun? Besteht die Chance, irgend etwas zurückzubekommen, oder müssen wir alle Kreditkarten sperren lassen und einen neuen Paß beantragen?
Antwort: Wir erhielten das 63. Hexagramm, die zweite Linie war bewegt.

- *Das 63. Hexagramm besagt, daß dies ein Glückstag ist.*
- *Die zweite Linie weist darauf hin, daß man etwas, was man verloren hat, innerhalb einer Woche zurückbekommt.*

Nun, wäre uns dies in New York passiert, wäre es wohl ziemlich unwahrscheinlich gewesen. In Nepal gab uns unser Taxifahrer am Abend desselben Tages die Brieftasche zurück, und zwar vollständig, und ein einfaches Dankeschön unsererseits war alles, was er dafür haben wollte.

Wir werden stets dankbar sein für die Ehrlichkeit und Großzügigkeit, die uns in diesem sanften Königreich entgegengebracht wurden.

Feuer

Wasser

Zweiter Versuch · Noch nicht angekommen · Vor der Vollendung

Noch ist die Sache nicht gelaufen.
Der kleine Fuchs bekommt einen nassen Schwanz.

Feuer über dem Wasser. Das Feuer lodert hoch, das Wasser fließt nach unten. Sie bewegen sich in entgegengesetzte Richtungen. Nur mit viel Mühe können sie in eine positive Interaktion gebracht werden.

Es ist Winter. Der kleine Fuchs bewegt sich vorsichtig auf dem Eis und hat den Fluß schon zur Hälfte überquert. Da kracht das Eis, der kleine Fuchs bricht ein und bekommt einen nassen Schwanz. Entweder ertrinkt er, oder er schafft es zum gegenüberliegenden Ufer. Der weise alte Fuchs lauscht auf die Geräusche unter dem Eis. Wie ist die Strömung? Klingt es, als wäre das Eis dünn? Der weise alte Fuchs ist klug genug, um den Fluß zu überqueren.

Dies ist die Zeit nach dem Gipfel, wenn es noch einen weiteren Fluß zu überqueren gilt. Zwar ist der Erfolg nicht gesichert, aber möglich, wenn man sich ausreichend darum bemüht. Seien Sie bereit. Die Sache ist noch nicht gelaufen.

___ *Sechste Linie*

So betrunken, daß der Kopf naß wird. Gegen Alkoholgenuß ist grundsätzlich nichts einzuwenden, aber man sollte sich nicht völlig betrinken. Sie haben ein übersteigertes Selbstbewußtsein. Ist Ihnen der Erfolg zu Kopfe gestiegen?

___ *Fünfte Linie*

Die nächste Runde bezahlen. Seien Sie großzügig, lassen Sie andere an Ihrem Glück teilhaben! Wenn man in der Lotterie gewinnt, sollte man eine Runde ausgeben.

___ *Vierte Linie*

Das wilde Land nach drei Jahren bezwingen. Etwas zu tun, das drei Jahre in Anspruch nimmt, erfordert Einsatz und die Bereitschaft, wirklich daran zu arbeiten. Handeln Sie mutig und mit Stärke und Entschlossenheit, dann werden Sie auch belohnt werden.

___ *Dritte Linie*

Den Fluß überqueren, wenn man dazu bereit ist. Zwar sind Sie bereit vorwärtszuschreiten, aber Sie brauchen Hilfe, um die Hindernisse auf Ihrem Pfad zu überwinden. Vielleicht müssen Sie sich zunächst einmal ein wenig zurückziehen und einen neuen Start unternehmen, um Erfolg zu haben.

___ *Zweite Linie*

Die Räder bremsen. Treten Sie auf die Bremse, es erwartet Sie eine Überraschung. Bewegen Sie sich langsam und vorsichtig weiter, dann wird es schon klappen. Treffen Sie Vorkehrungen gegen mögliche Unfälle.

___ *Erste Linie*

Ein nasser Schwanz. Das Eis bricht unter dem kleinen Fuchs, der den Fluß schon zur Hälfte überquert hat. Lassen Sie sich nicht auf etwas ein, bis Sie wirklich wissen, daß Sie es auch fertigstellen können. Erkennen Sie Ihre Grenzen!

Noch ein Fluß Zwei Orakelbefragungen für Amy zu dem zu dem Zeitpunkt vor ihr liegenden Jahr, 1993; beide ergaben das 64. Hexagramm.

Frage: Was erwartet mich im kommenden Jahr?
Antwort: Amy erhielt das 64. Hexagramm, die dritte Linie war bewegt.

Die erste Orakelbefragung fand am keltischen Neujahrstag (dem 31. Oktober, Halloween) statt, die zweite im Dezember an Amys Geburtstag. Beide Male wurde nach Rat für das kommende Jahr gefragt, bei beiden Befragungen war die dritte Linie bewegt.

- *Das 64. Hexagramm bringt zum Ausdruck, daß die Sache noch nicht gelaufen ist, daß es noch viele Veränderungen geben wird. Außerdem muß man nach einem Höhepunkt, einem Gewinn oder einer Vollendung immer noch weitermachen. Man muß einen weiteren Fluß überqueren. Mittendrin kann man nicht anhalten, sonst ertrinkt man.*
- *Die dritte Linie weist darauf hin, daß man vielleicht Hilfe braucht, und tatsächlich war sie schon unterwegs.*

In diesem Jahr stellten wir die erste Ausgabe dieses Buches fertig und fingen mit der Werbung dafür an. Wir verschickten in die ganze Welt Exemplare in der Hoffnung, entdeckt zu werden, aber auch darauf vorbereitet, daß es vielleicht nicht klappen würde. Und dann…?

Wir wurden entdeckt. Und das Spiel begann von neuem und auf andere Weisen. Veränderungen, und diesmal zur Abwechslung mal willkommene! Kaum zu glauben! Die hervorragenden Lektoren von HarperSanFrancisco entdeckten unser Buch in dem Stapel von Manuskripten, die ungebeten an den Verlag geschickt worden waren.

Das letzte und witzigste synchronistische Zwischenspiel mit dem 64. Hexagramm: Das Logo von HarperSanFrancisco ist das 64. Hexagramm, das Bild von Feuer über dem Wasser.

Mit dieser Tabelle können Sie Ihr Hexagramm bestimmen: Auf der linken Seite der Tabelle suchen Sie nach den drei Linien, die mit Ihren unteren drei Münzen übereinstimmen, am oberen Rand der Tabelle finden Sie die drei Linien, die mit Ihren oberen drei Münzen übereinstimmen. Im Schnittpunkt dieser beiden Quadrate finden Sie die Zahl Ihres Hexagramms.

Obere Trigramme

Untere Trigramme	☰	☴	☲	☶	☱	☵	☳	☷
☰	1	9	14	26	43	5	34	11
☴	44	57	50	18	28	48	32	46
☲	13	37	30	22	49	63	55	36
☶	33	53	56	52	31	39	62	15
☱	10	61	38	41	58	60	54	19
☵	6	59	64	4	47	29	40	7
☳	25	42	21	27	17	3	51	24
☷	12	20	35	23	45	8	16	2